IL SUONO DEL CONFLITTO

Matthew Calber

ISBN:
979-12-200-2344-3

DEDICHE

Dedico questo libro a mia cugina che ora non c'è più, e a tutte le donne che cercano l'amore e la libertà.

CAPITOLI

RINGRAZIAMENTI

Grazie alle donne che mi hanno ispirato e che mi hanno dato la possibilità di ascoltare i loro racconti di vita.

INTRODUZIONE

Prima di iniziare a leggere questo libro, vorrei farvi un regalo. Diciamo che vorrei donarvi la possibilità di iniziare la vostra lettura in un modo nuovo, magari a qualcuno già conosciuto, ma sicuramente utile ad apprezzare al meglio la comprensione di alcuni concetti da me descritti in queste pagine. Dovete entrare in una modalità recettiva, che vi dia la libertà mentale e lo stato di tranquillità utili a godervi questo viaggio.

Seguite i miei consigli, queste indicazioni le potrete utilizzare anche per la lettura di altri libri, a vostro piacimento.

Prima di tutto la cosa più importante è che vi isoliate dai disturbi esterni, quindi, bando alle ciance e spegnete, ripeto, spegnete tutti i disturbi possibili, televisore, cellulare, tablet, computer. Fate in modo che niente e nessuno possa disturbare il vostro momento di lettura, questo è il vostro angolo di pausa dal mondo, godetevelo!

Ora per favore, il novanta percento di voi che invece di spegnere i suddetti aggeggi, li hanno solo impostati in modalità silenziosa, sono pregati, per mio umile consiglio, di spegnerli, la parola spegnere è inequivocabile, fate i bravi. Si anche tu che hai messo il telefono in modalità silenziosa sotto il cuscino, tanto lo so che tra dieci secondi andrai a vedere se ci sono messaggi. Io vi vedo.

Bene adesso che siete in modalità "non disturbare", oppure per chi è più pragmatico, sarà in modalità: "mi sto rilassando, non rompete le scatole", siete quasi pronti ad iniziare la vostra lettura, ancora qualche consiglio utile.

Mettetevi comodi, preparate la vostra bibita o dolcetto preferito, che vi accompagnerà durante la lettura. Qualsiasi bevanda va benissimo, anche una buona birra è contemplata, l'importante è che sia di vostro gradimento e che vi renda felici. Ora è indispensabile che entriate in uno stato di rilassamento e di tranquillità, utile al vostro benessere in primis, ed utile alla lettura.

Chiudete gli occhi, rilassatevi, fate tre respiri profondi, inspirate bene, poi espirate. Mentre espirate immaginate di buttare fuori, oltre all'aria, anche tutte le vostre preoccupazioni, tutti vostri pensieri negativi, tutto quello che in questo momento non è importante e che disturba la vostra quiete. Immaginate inoltre di essere in un luogo bellissimo, anzi immaginate di essere nel vostro luogo preferito, il mare, la montagna, all'aria aperta, dove volete, la cosa importante è che sia un luogo che vi rende felici e rilassati.

Fate questa operazione fino a quando vi sentirete veramente pronti e totalmente a vostro agio, aprite gli occhi.

Ora siete pronti. Buona lettura.

IDEA

Ogni giorno che passa, leggo, mi informo e studio, cerco di trovare le risposte a domande che continuano a frullare nella mia mente. Mi risveglio ogni giorno e voglio scoprire quali e quanti siano i modi migliori per vivere, per amare e per amarsi, non lo so, voglio capire. Voglio vivere intensamente questo poco tempo che ci è concesso, siamo solo di passaggio e tutto presto finirà. La vita è un battito di ciglia, scorre in un lampo.

Leggo, mi informo, studio. Internet e i libri sono la mia fonte di informazione, ma niente e nessuno è in grado di darmi la risposta e continuo a cercare. Un corso dopo l'altro, un libro dopo l'altro. Notizie e approfondimenti carpiti da qualsiasi fonte d' informazione, nutrono la mia voglia di capire e di maturare, per aiutare le persone e me stesso, per amare e per decidere del mio destino.

Sembra un comportamento normale e diffuso tra le persone, ma non lo è affatto. La maggior parte di noi staziona in un limbo che io definisco: "sogno ipnotico". Dato dai media, dai programmi spazzatura e da quella sensazione che le cose normali e preconfezionate, da chi ci vuole tutti uguali, lasciano dentro di noi. Questa è la vita, questo è quello che ci stanno vendendo, questo è il vivere di oggi.

Io non ci sto, io mi chiamo fuori da questo modo di sostare e di aspettare la vecchiaia, la morte, oppure qualcosa di meglio, che non verrà mai. Il meglio che verrà lo dobbiamo costruire da soli, giorno dopo giorno. Siamo artefici del nostro destino, e siamo gli unici che lo possono cambiare in meglio. Nessuno è disposto a farlo per te, nessuno vuole sacrificarsi per la tua buona vita, io non ci sto, io voglio il meglio, io desidero la vita che mi merito.

Ogni persona che incontro ha le stesse necessità primarie, tutte vogliono vivere intensamente, mangiare, godere e diventare ricche. Molte di loro hanno idee brillanti, che sfumano negli anni, tante altre hanno voglia di emergere senza provarci, perché è troppo difficile, perché la vita è troppo breve ed è meglio godersela ora, adesso, subito, senza pensare al domani, e che il resto del mondo, si fotta!

Una bella canzone di Vasco Rossi, cantautore Italiano, contiene una frase che mi fa sempre riflettere e dice:

"ci si fotte allegramente, come se fosse niente, darei fuoco a casa tua, se mi passasse il mal di denti" *.

Questo famoso cantante è in grado di esprimere in poche righe un concetto realmente attuale. In tanti anni di incontri e di esperienze con le persone, ho capito una cosa importante. Tutti abbiamo lo stesso identico problema o compressione.

Abbiamo tutti un conflitto, con noi stessi e con le nostre credenze, che ci porta a troncare sul nascere ogni idea di libertà, ed ogni sensazione positiva che ci darebbe la benzina per vivere senza limiti, senza muri. Ho deciso di scrivere questo libro per raccontare la storia di otto donne, sognatrici e vere, forse imprigionate nelle loro vite, forse in cerca della libertà e della risposta.

Mi sono ispirato a loro perché amo il mondo femminile, mi piace ascoltare le loro storie e sono sempre incuriosito dal loro modo di pensare. Il mondo in cui vivono è un mondo moderno, attuale, fatto di internet e social. Un mondo fatto di contatti veloci e spesso superficiali. Queste donne sono tutte alla ricerca di una felicità che forse non le appagherà mai, perché la felicità non è fuori dal loro pensiero, ma dentro al loro animo, di donne, spesso ferite e senza sicurezze.

* "Basta poco" di Vasco Rossi, 2007

Siamo nel mondo e la storia di queste anime è sparsa in vari paesi che ho visitato durante i miei viaggi di lavoro. Le origini di ogni protagonista sono diverse, tutte vivono in città medio piccole, tutti luoghi lontani tra loro, ma accomunati dallo stesso "ritmo" di vita. Il lavoro, la famiglia, i figli, la vita di tutti i giorni con i suoi momenti belli e meno belli.

Ho chiesto ad ognuna di queste ragazze di raccontare la loro storia direttamente, ma tutte hanno declinato il mio invito. Forse lo faranno dopo la stesura di questo libro, oppure non lo faranno mai. Lascio a loro la libertà di decidere, se, e quando aprire la loro anima al mondo.

Quindi vi racconterò io la loro storia, la loro vita, con parole mie.

Forse uno sguardo da lontano potrà vederle per come sono veramente e non per come vorrebbero apparire.

ALEASE

Era la Pasqua del duemilaundici, e Alease era già pronta per la sua splendida giornata di festa, una festa particolare, era la festa della Rinascita. Che bello alzarsi, la giornata era limpida, il sole caldo, anche se ancora prematuro per fare pazzie all'aria aperta. Oggi Alease è raggiante come non mai, è felice, i bambini che giocano in giardino sembrano fiori che sbocciano, anche se fiori che fanno casino come loro non si erano mai sentiti.

Callie e Ben, lei otto e lui cinque anni, due fiumi senza argini, oggi sono felici, la mamma è a casa, oggi non si lavora, si fa festa e la giornata è spettacolare. Oggi non c'è scuola, e la mamma è libera, e sarà tutta per loro.

Alease ha quarantadue anni, i suoi bambini sono il frutto dell'amore, o meglio, della passione vissuta con Leo, di cui non parleremo, questa storia parla di donne.

Lei lavora da tanti anni in un negozio di ottica, è un'esperta, ha studiato e conosce ogni trucco del mestiere, vive a Middlesbrough nel Regno Unito e conosce bene il suo operato. Lavora nel settore ottico da tanti anni, e tutti sanno che lei è brava, seria, puntuale. Nel suo ambito e nel suo ruolo lei è la numero uno.

I bambini giocano in giardino della piccola casa in cui vivono con la mamma, sono soli, papà non c'è, oggi non c'è, neanche domani ci sarà. Papà e mamma hanno litigato, ancora, per l'ennesima volta hanno litigato. Callie ha pianto, anche Ben adesso piange perché ha capito, è diventato più grande e anche lui piange con la sorellina che lo sta facendo crescere. Si vogliono bene i due fratellini, si amano. Papà forse non ama più la mamma, ma cosa ne sanno due bambini dell'amore, quello appassionato, l'amore vero.

Ma cos'è l'amore vero?

Callie ha smesso di piangere, oggi è giorno di festa e arrivano i nonni, si sta insieme e si gioca.

Alease ha sangue italiano che scorre nelle sue vene. I suoi genitori sono nati a Palermo, in Italia, ma la sua vita è qui, adesso, in una terra straniera, dove ha trovato lavoro, dove ha studiato e dove ha trovato e poi smarrito l'amore. Lei vuole la sua rivincita ma ora ci sono i bambini, un nuovo amore è difficile, è stanca, spesso è sola, anche se i nonni danno una mano.

Vorrebbero vedere la loro bambina felice, desiderano vedere una donna libera, ma un nuovo amore è difficile, tutto è complicato e la vita sembra un salto nel buio, e il futuro è sempre incerto.

La giornata scorre veloce, la messa, il pranzo, i giochi, i nonni sono felici, ma sanno che la loro bambina, Alease, non lo è, perché è sola.

Lei è forte ma non abbastanza per nascondere quello che ha dentro. Alease è colma di rabbia e frustrazione, non vuole ammettere che forse anche lei ha sbagliato, e non avrebbe dovuto cedere al richiamo del tutto e subito, senza riflettere, senza pensare al domani, con coscienza. Lei era innamorata e ha dato tutto il suo amore al compagno che ora non la vuole più. Troppo velocemente si è lasciata andare, senza riflettere, spinta dalla sua impulsività.

Ma ormai è tardi e la vita incalza, lei vuole l'amore, quello vero, quello eterno.

La festa della Rinascita è volata via, c'era una bella giornata e faceva caldo. Le feste passano sempre troppo velocemente, e la routine ricomincia. Il lavoro, la scuola, i bambini, il bucato. Ma lei vuole l'amore, tutto il resto è vita normale, lei non vuole la normalità. Alease cerca qualcosa di speciale e di nuovo.

È nel pieno della sua maturità, gli anni sfuggono e tra qualche tempo non sarà più così attraente.

Oramai è un mese che le feste sono passate, la Pasqua è lontana, e al lavoro è la solita noia, un giovedì come tanti, ma oggi è diverso, oggi Alease ha ricevuto una visita nuova inaspettata, un uomo, un cliente nuovo che ha bisogno della sua sapienza e maestria.

"Buon giorno, che bel negozio, vorrei un paio di occhiali nuovi, dice lui", con aria da esperto. "Salve, sono Alease, certo, questo è un negozio che vende occhiali", ribatte lei quasi stizzita dal solito cliente "esperto", con la battuta pronta. Ma Alease cerca l'amore e dentro di lei sa che forse il suo cuore è ferito, pietrificato, spento. Lei non vuole soffrire ancora.

Ma quell'uomo è diverso, sembra diverso, vuole parlare con lei, la vuole conoscere, e sembra fare domande intelligenti, sincere, umili. Tra un occhiale e l'altro, Alease sorride, è tanto tempo che non sorride, scherza, e la battuta dei primi secondi le sembra già lontana, lei è dolce, vuole vivere dolcemente.

Quando Alease sorride, si vede, lei ha uno sguardo e degli occhi stupendi, se è felice si vede, se è felice lei sorride come faceva da piccola, quando giocava e tutti l'amavano, quando sorrideva da piccola sembrava che tutto il mondo si fermasse ad osservarla, perché il suo sorriso era contagioso, quasi magico.

"Ho deciso", dice lui, "prendo questi, ma vorrei anche fare una cosa per te", "per me?", dice Alease". L'uomo vede lo sguardo della ragazza e vuole che quel sorriso sia suo, e chiede alla sorridente Alease di potere immortalare le sue labbra, con una foto, una foto da conservare, una foto da sognare. Alease sorride, arrossisce e declina l'invito senza arrabbiarsi.

La sera arriva, Alease è stanca, torna a casa dai suoi bambini, che l'aspettano e che l'amano.

Mentre è a casa, sola, Alease pensa, "quell'uomo è diverso, quell'uomo mi cercava e gli occhiali erano solo una scusa, ma forse mi sbaglio, sarà come tutti gli altri, mi prenderà e poi mi getterà". Alease è triste, e vorrebbe essere felice, come ha sempre sognato, ma il suo cuore è ferito.

Da piccola sognava, come tutte le ragazze della sua età, il suo principe azzurro. Lei dormiva e sognava, quando si svegliava era felice, sorridente, con quel sorriso che solo le bambine felici sanno mostrare, un sorriso limpido e solare, un sorriso libero, senza trucchi, senza forzature.

Da piccola Alease giocava, come i suoi bambini, ma era lei la bambina, la ragazzina che giocava e cercava sempre un sorriso per vivere la sua giornata e la sua gioventù come tutti dovrebbero viverla, felici.

Oggi è una bella giornata e nessuno vuole uscire, chissà, forse anche Alease rimarrà in casa, lei cerca l'amore, ma la paura la frena e nessuno la vuole aiutare a raggiungere il suo obbiettivo, nessuno è con lei, ma forse, forse quell'uomo era diverso. Forse.

Il sabato è una giornata piena per Alease, una giornata in cui tutto per lei è lavoro, e le persone hanno fretta e foga di fare tutto e sempre con poca attenzione, le commesse sono solo commesse. Alease ha studiato e conosce il suo lavoro molto bene, ma alla fine, la gente la chiama commessa, ma lei è qualcosa di più, perché quello che conosce ha un grande valore, ma nessuno dà valore alle cose che si conoscono, è così, semplicemente.

Sarà la solita giornata piena di clienti e di curiosi che non sanno cosa fare e dove andare, ma sanno esattamente perché sono da Alease, per un paio di occhiali da vista o da sole, sono da lei perché hanno bisogno di qualcosa, ma lei cerca l'amore, niente altro. Non l'amore per i figli, quello c'è, e ne dispensa a perdifiato, lei vuole un amore che non c'è più, perché è fuggito, dalla responsabilità di padre e di uomo.

Come sarà la vita di Alease domani? Sarà quel che sarà, odio pensare che non potrà raggiungere la sua felicità, ma qualsiasi cosa accada, lei ha dato tutto, forse troppo, e ottenuto poco, forse nulla.

Oggi Alease vive ancora a Middlesbrough nel Regno Unito, ha due figli stupendi, ha un lavoro ed è single.

Sta cercando l'amore della sua vita.

MONIQUE

Mi ricordo di un film, ma non ricordo il titolo, rammento che era moderno, dei nostri tempi, un film con tanti effetti speciali. Di tutto il film mi ricordo particolarmente di un effetto speciale che ogni tanto mi torna in mente. Cerco di spiegarlo a parole. La scena inizia con la ripresa della telecamera che parte da molto lontano, quasi dallo spazio infinito, per capirci tipo la pagina iniziale di Google Maps, ed inizia lentamente a zummàre verso un punto sulla terra. Poi sempre più nel particolare, lentamente, sempre di più. La terra si avvicina e si iniziano a vedere i continenti, poi gli stati, le montagne, sempre più stretto, sempre più nitido e piano piano, l'immagine si avvicina di più ancora, e si vede una figura, una persona, una donna, con i capelli lunghi. L'inquadratura arriva al viso ed entra negli occhi, gli occhi di Monique. I suoi occhi sono azzurri, limpidi e brillanti, a volte mi chiedo se siano veri, sembrano gli occhi di una statua di cera, ma sono bellissimi, quasi ipnotici, e mi piace pensare che, per così dire, catturino il mondo.

Lei ha ventiquattro anni, vive a Nantes in Francia e la sua vita è diversa, si perché lei era una Miss. Essere una Miss o aspirante tale, ha sempre suscitato in me una sorta di rifiuto. Tutte queste ragazze presentate al pubblico, quasi spogliate, senza difese. Mi sono sempre chiesto per quale motivo queste giovani ragazze sono disposte a mettersi in mostra ad ogni costo, con il solo scopo di raggiungere il successo velocemente.

Quante serate, quanti sogni, e quanti provini, per provare a sé stessa che lei contava, che era unica e che tutti dovevano amarla.

Monique ha sempre avuto un sogno nel cassetto, ma è ancora molto giovane. Lei sogna di diventare qualcuno di veramente importante, tipo una grande manager, oppure una famosa blogger. Spesso i suoi pensieri sono contrastanti, perché non è mai sicura di quello che vuole fare veramente, è ancora troppo piccola, crescerà.

Dopo tante delusioni anche lei adesso sembra felice, è fidanzata, ha un cane, un lavoro che le piace, e nella vita di tutti i giorni ha tanti sogni da coltivare. Giovane e intraprendente, sempre alla ricerca di nuovi stimoli per fare qualcosa di nuovo. Lei sogna di andare a vivere lontano, all'estero, in America magari, dove tutto sembra possibile. Ma la vita scorre e forse è meglio restare vicini a casa, vicini a dove sei nata, perché alla fine tutti questi sogni li puoi fare comunque anche a casa tua.

Lei vorrebbe mangiarsi il mondo, ma rischia di essere fagocitata dal mondo stesso, sogna ad occhi aperti, ma alla fine rimane con i piedi bene saldati a terra.

Oggi Monique lavora come tante donne, in un negozio di abbigliamento, anzi in una boutique, dove i marchi e le firme più prestigiose la fanno da padrone. Ogni giorno la routine, ogni giorno nuovi clienti, ma nessuno conosce la vera storia di Monique. Nessuno le chiede mai niente, nessuno è veramente interessato a lei e alla sua vita. Siamo vittime di questi tempi moderni, dove tutto è immagine e pochi parlano guardandoti in viso, negli occhi.

La sua giovane vita l'ha fatta crescere velocemente, i provini, la vita da modella, la partecipazione a tanti concorsi per aspiranti Miss, l'hanno fatta germogliare rapidamente e senza pause. È stata quasi obbligata a saltare molte tappe della sua giovinezza. La sua voglia di diventare grande velocemente l'hanno fatta maturare, anche se il suo animo è ancora quello di una ragazzina.

Anche la famiglia l'ha fatta crescere, i contrasti con la mamma ed il papà, le sue storie d'amore precedenti, si precedenti, anche se giovanissima ha vissuto via da casa quando ancora aveva sedici anni, e questo alla mamma e il papà non è mai andato giù. Forse ha ragione lei, forse i genitori, ma questa è la storia di ogni famiglia. Le nuove generazioni e le vecchie non riescono a comunicare, oppure non vogliono, quanti problemi verrebbero risolti con le parole e con il dialogo, ma oggi va così, ognuno vuole fare valere le proprie ragioni. Il dialogo tra i figli e i genitori di oggi, si limita al minimo indispensabile per sopravvivere. È colpa dei social e del web, ma prima di tutto è colpa della volontà di ciascuno. Cercate di dialogare con i vostri genitori e con i vostri figli, i contrasti non portano a niente.

Meglio avere ragione oppure essere felici? Rifletteteci un momento.

A Nantes la vita è molto frenetica, tutto è veloce e il lavoro di Monique certamente non l'aiuta. Budget da raggiungere e immagine da rispettare sono le prerogative di una commessa di alto livello.

Ma lei forse adesso è felice perché ha trovato l'amore e vive con lui. Vi dico che è quasi felice, perché spesso mi confessa, quasi piangendo: "perché lui non mi ama? Sono sicura che non mi ama abbastanza". Si lamenta perché dice che il suo compagno non la ama abbastanza, nel modo giusto, come lei sogna. Anche Monique è vittima delle sue paure e delle sue insicurezze, nessuno la capisce e nessuno vuole capirla. Lei vorrebbe fuggire, andarsene, trovare la sua strada, ma la sua strada di oggi è fare la commessa e rimanere imprigionata in un lavoro che non la fa emozionare, mai.

Quando partecipò al famoso concorso per aspiranti Miss, aveva dovuto o voluto perdere peso, si sa che le Miss non devono avere un filo di grasso, o forse era semplicemente solo acerba, quindi naturalmente magrolina. Dopo la sua esperienza è tornata a casa ritrovando la sua forma "normale", migliorata e più naturale rispetto alle forzature dettate dai concorsi di bellezza.

Ora Monique è magra, troppo magra, e questo non va bene. Vorrebbe esserlo ancora di più e questo è ancora peggio. A lei piace così ed è convinta che in questo modo tutti l'ameranno ancora di più. Anche se lei forse ora è più felice, l'amore le manca, e non la stanca mai. Qualsiasi donna al mondo brama di essere amata, da tutti, per sempre, ma non dovrebbe essere disposta a fare qualsiasi cosa per questo. Monique adesso è troppo esile, sono preoccupato per lei, sembra volere sparire dalla vista di tutti, quasi in un tentativo di annullarsi e di chiudere il sipario, in silenzio. Prima di cercare l'amore degli altri, amate anzitutto voi stesse.

Monique è una ragazza molto bella, è giovane, è ancora una modella, ma lei non si piace e vorrebbe essere qualcosa di più. Quello che cerca però è già dentro di lei. Il suo cuore, la sua gentilezza, l'affetto per suo nipote, i suoi splendidi occhi che "contengono il mondo", sono le sue armi.

Lei non ci crede, cerca qualcosa di più, che forse non troverà mai.

I sogni infranti e la voglia di essere migliori non hanno niente a che fare con l'aspetto fisico, l'immagine che diamo di noi stessi a chi ci guarda è solo passeggera, perché il tempo passa e noi cambiamo. Le rughe, la cellulite e i capelli bianchi arriveranno.

Quello che resta e resterà di Monique come di tutte le altre donne, sarà la simpatia, il sorriso, la dolcezza, e anche la pazzia.

L'aspetto fisico è solo un'immagine passeggera, che lascerà il posto all' immagine emotiva che proiettiamo sulle persone che ci circondano. Monique proietta allegria e voglia di vivere, solo questo a lei dovrebbe importare.

Oggi Monique vive felicemente a Nantes, ha un lavoro, un fidanzato, un cane ed un bellissimo nipote. Non ha ancora fatto veramente pace con i suoi genitori, si vedono raramente, ma ha promesso che proverà a perdonarli. In fondo il perdono è il primo passo verso la felicità.

Sta cercando sé stessa.

MAGDALENA

Quando si dice il destino. Conosco questa "strana" ragazza durante un summit in Spagna, lei mi guarda ed io la guardo, i nostri occhi si incrociano, forse ci stiamo studiando a vicenda. Io le donne le guardo sempre, sono troppo curioso, mi piace capire come sono, cosa pensano, perché sorridono o perché non sorridono. Dicono che la curiosità è donna, ma nel mio caso, si sbagliano.

Lei si chiama Magdalena, vive a Saragozza in Spagna, ed è la classica donna che sa il fatto suo. Poche parole, anzi molte, e adesso che ci penso anche troppe, lei parla, parla e parla ancora, si fa le domande e si dà anche le risposte, un vero spasso per me che amo ascoltare in silenzio, soprattutto quando non riesco a parlare....

Dopo un po' che ci osserviamo si riesce a fare due chiacchere, così per conoscerci, per capire se abbiamo qualcosa in comune, mi è simpatica. Lei è sposata, ama i gatti e gli animali in genere, sarà per il suo lavoro, lei vende prodotti alimentari per animali, per conto di una grande azienda, quindi deve conoscere certamente quello che vende e di conseguenza gli animali.

Il suo aspetto è importante, una donna con la "d" maiuscola, ma quello che colpisce sono il suo abbigliamento e il suo, diciamo, corredo. Indossa collane di ogni genere, orecchini, tatuaggi in molte parti del corpo e un abbigliamento molto vistoso e appariscente. Io lo chiamo così, nel senso di importante, complicato e un po' selvaggio.

Lei è molto estroversa ma si vede che non lo è veramente, cerca solo qualcuno che la noti, per aiutarla forse e trovare qualcosa, forse risposta alle sue domande. Lei fa molte domande. Un'altra cosa che si nota oltre a questo è che Magdalena è molto vestita, forse troppo, oggi fa caldo, ma lei è comunque molto coperta. Il mio istinto mi fa pensare ad una domanda che mi frulla in testa. Perché lei è vestita così tanto? Deve nascondersi da qualcosa? No, sicuramente mi sto sbagliando. Il solito istinto che mi fa pensare a qualcosa che ancora non vedo, chissà.

Mi fa sempre sorridere la frase, "un fulmine a ciel sereno", perché penso sempre che io un fulmine con il sole splendente, non l'ho mai visto, e quindi mi chiedo chi diavolo ha mai pensato a questa frase. Certamente rende l'idea, ma per me è sempre stata divertente.

Meno divertente, o per meglio dire, sorprendente, è capire che quello che una persona ti sta dicendo, è esattamente o quasi, quello che tu avevi pensato di lei prima che appunto il suddetto fulmine cadesse dal suddetto cielo.

Magdalena un giorno, senza preavviso, si confessa e abbatte quel muro che aveva costruito nei confronti della gente, di chi la osserva e di chi la giudica senza conoscerla.

A quel punto mi rendo conto che il mio istinto si sta per prendere la sua rivincita e rivendica il suo sapere. "Visto che avevo ragione?", sembra sussurrarmi all'orecchio, "non ti fidi mai di me, dovresti ascoltarmi". "Adesso stai zitto, va bene avevi ragione ma non per questo mi devi sfondare i timpani".

Mentre parlavamo della nostra routine e del lavoro, Magdalena spogliandosi virtualmente delle sue difese e dei suoi vestiti coprenti, dei suoi ammennicoli e di tutto quello che la difendeva dagli sguardi indesiderati, si confessa.

Lei voleva dirlo al mondo ed ora ha deciso che è il momento, si sfoga e chiede di capirla.

"Da più di 10 anni io non mi spoglio di fronte a nessuno, la spiaggia per me è l'inferno e nessuno deve vedermi in costume da bagno, senza le mie difese. Mio marito è l'unico autorizzato, nella penombra a vedermi quasi nuda, io non mi piaccio".

Poi continua. "Nessun intervento chirurgico potrà mai darmi la felicità, mio padre voleva che io fossi un maschio e la mia femminilità è stata soffocata fin da piccola, questa è la mia storia, questa sono io".

Poi si inginocchia e piange, disperata.

Vi lascio immaginare lo stupore di sentire uno sfogo simile da una ragazza che praticamente non conosci, ma che vuole condividere con te qualcosa di così intimo e importante. Possiamo certamente dire che l'esempio del "fulmine a ciel sereno" calza a pennello.

La mente umana è molto complicata, ma se aiutata dall'istinto può essere accompagnata nella comprensione delle cose che accadono. In questo caso lo sbigottimento ha preso il sopravvento. Noi poveri uomini, (inteso come maschi), non riusciamo a capacitarci, ed in questo caso specifico, il cervello stenta a capire le parole di Magdalena.

Una ragazza così bella, sicuramente un po' matta, ma fisicamente quasi perfetta per la sua età, ha un problema con sé stessa a causa del suo corpo? Stento a crederci.

Qualcosa non torna, forse abbiamo perso la cognizione o la consapevolezza del bello e del meno bello. Ma questa ragazza è bella, piacevole, diciamo normale. Ma allora qual è il confine tra il bello e l'inaccettabile, tra il brutto e il normale?

Quel confine siamo noi, con i nostri turbamenti e le nostre

convinzioni errate. Magdalena si vede così perché lei vuole vedersi in questo modo, nessuno al mondo tranne sé stessa riuscirà mai a convincerla del contrario. Suo padre l'ha sicuramente condizionata da piccola, e questo è imperdonabile, su questo non ci sono dubbi. Magdalena deve uscire da questo incubo e riprendersi la sua vita.

Ogni giorno lei si alza e va al lavoro, un lavoro che ama, ma lei non ama sé stessa, questo è il punto, ed è questo che lei deve imparare a fare. Suo padre voleva un maschio. Che si fotta suo padre, non siamo in un film di fantascienza, dove puoi decidere se vuoi un maschio oppure una femmina. Magdalena è una donna e come tale deve essere amata, prima deve farlo lei, poi lo faranno anche gli altri, se non l'amano già. Lei sola può scegliere di essere felice da subito, suo padre è un idiota, ma lei non è suo padre, le dico di perdonarlo e di guardare avanti a testa alta.

Magdalena vive a Saragozza, non ha figli, ma tanti gatti. Ora è divorziata, ma ama ancora il suo ex marito, anche se le ha rovinato la vita. Vuole farsi un intervento chirurgico al seno, per sembrare più femminile. Non si piace del tutto ma si sta sforzando di migliorare il suo rapporto con lo specchio. Sicuramente presto sarà libera dal suo incubo.

ANA

Oggi la giornata è splendida, il sole riscalda la pelle e anche i cuori, il mare luccica e le onde che si infrangono sulla costa frastagliata sembrano abbracciare la terra, in una sorta di continuo ed impercettibile bacio ritirato, che trasforma il movimento del mare in un balletto eterno e senza tempo.

Qui vive Ana, in questa città baciata dal mare e aperta al mondo. Da tantissimi anni siamo affascinati da questa costa, un tempo terra dei romani e dell'impero omonimo. Lei ha ventiquattro anni, è una ragazza che io definisco simpaticamente, "vichinga", nel senso fisico del termine, alta, molto alta, forte, bionda e bellissima. Anche la sua anima è come lei, forte e fiera. Il mare è la sua casa, fin da piccola ha potuto godere di quel mistero che i marinai chiamano libertà. Ed è proprio questo che lei cerca, come tante altre donne, la libertà, di essere giovane, di essere sé stessa, e di raggiungere la felicità tanto desiderata.

Ana è forte, lei è una skipper professionista, già a ventiquattro anni è in grado, in totale autonomia e potente consapevolezza di portare una barca a vela dovunque lei voglia. Nei suoi occhi è fiammante la luce di chi in mare ci è nato, di chi lo conosce e lo rispetta, sembrano occhi marini quelli di Ana, forse più adatti ad un delfino che ad una donna.

Come ogni buona skipper che si rispetti, Ana ha partecipato a numerose regate, tante traversate e decine di trasferimenti, che le permettono oggi di avere quella sicurezza e prontezza che sono indispensabili per garantire ai suoi ospiti una confortevole ed emozionante vacanza in mare.

Ma non tutto è stato così semplice. Come spesso accade in questo affascinante ma strano mondo di velisti, anche lei ha subìto l'insulsa e delirante estromissione compiuta dai famosi "maschi", spesso ignari e quasi sempre ciechi, di fronte alle reali capacità di una donna al timone, (il timone, per i non addetti, è il volante per le barche).

Per molti anni Ana, propostasi al pubblico pagante per offrire i suoi servizi di skipper professionista e capace, viene rifiutata per il solo fatto di essere una donna. "Una donna al timone di una barca? Meglio lasciarla andare alla deriva, ci sarebbero meno danni", disse l'ultimo cliente interpellato.

Ana mi racconta rattristata e quasi rinunciataria di quante volte è stata interpellata con la speranza di un ingaggio, che poi non sarebbe mai arrivato, per decine di motivazioni inutili e senza senso, per le quali ci vorrebbero pagine di scuse.

Ma il mondo è diverso da come lo vediamo, a volte succedono cose che nessuno avrebbe mai potuto prevedere, soprattutto per chi, come Ana, si vede già rassegnata in ruoli marginali, in quel mondo che invece dovrebbe promuovere la libertà di tutto e di tutti, a prescindere da chi controlla il timone.

L'estate è arrivata, ed una coppia decide di noleggiare una barca a vela, in piena autonomia. Lui è quasi skipper, è patentato ed è quasi sicuro di potersela cavare da solo, la sua compagna è caparbia ma palesemente inesperta nella conduzione di una barca a vela che, per quanto piccola, non è certo un'utilitaria che può essere parcheggiata in ogni momento. Il mare non perdona, è importante essere sempre cauti.

Durante il viaggio per raggiungere la barca noleggiata, tanto sognata, lui inizia a preparare la compagna al viaggio da sogno che li attende. Come si fanno i nodi, come si esegue l'ormeggio, le criticità, il vento, cosa controllare prima di, e tanto altro ancora, le nozioni e le indicazioni si accavallano e il viaggio in auto scorre veloce.

Sono già stati in barca a vela, ma qualcun altro la conduceva, ora era il momento di fare sul serio, tutti soli, in mare aperto.

Raggiunto il luogo del noleggio, vedono la barca ed inizia a salire la tensione, così tanto che lui capisce che forse non è ancora il momento, ed un lampo di genio lo colpisce. "Prendiamo uno skipper per qualche giorno? Forse è meglio, così avremo il tempo di capire veramente quali sono le nostre capacità marinare". Detto, fatto. La compagnia di noleggio si mette subito alla ricerca dello skipper, e poco dopo informa la coppia di vacanzieri che sono stati fortunati, perché in alta stagione normalmente non si trova nessuno disponibile, diciamo, last minute, ma dicono che c'è un piccolo problema, anzi due.

Il primo problema è che lo skipper non può essere disponibile immediatamente per la partenza, ma solo il mattino seguente, e il secondo è che lo skipper è una ragazza...

Sembra quasi che l'addetto al noleggio sia già pronto a chiamare la ragazza skipper, per avvisarla che non se ne farà nulla, che anche questa volta sarà la solita risposta negativa. Insieme all'addetto si aggiunge una sua collega che inizia a spiegare le qualità della skipper, dice, è una brava ragazza, fa molte regate, è dolce, simpatica, discreta, lui la ferma.

"Scusate", dice il cliente, "qual è il problema? Ho già deciso che per me va bene, ci mancherebbe altro, voi siete garanti, e a prescindere dal fatto che sia maschio o femmina, a me interessa che sia in grado di portare una barca a vela, niente di più, non capisco tutte queste spiegazioni". L'addetto si scusa e chiama con entusiasmo la skipper che l'indomani porterà la coppia a vivere uno stupendo sogno in mare.

Il viaggio è stato fantastico, la mattina dopo l'arrivo di Ana, la coppia si è imbarcata ed ha passato sette giorni, (con la skipper l'accordo era di farne solo tre), indimenticabili, pieni di allegria e di nuove scoperte.

L'emozione più bella per la coppia è stata quella di avere dato la possibilità ad una ragazza di tale portata, nonostante la giovane età, di esprimere le proprie conoscenze e sapienze marinare, senza pregiudizi e senza ostacoli, finalmente libera.

Oggi Ana vive a Zara o Zadar in Croazia, dove è nata. È sempre una vichinga, ancora più forte, ancora più consapevole.

Da quando la coppia ha recensito le sue doti marinare alla compagnia di noleggio, Ana ha sempre lavorato come skipper, come mai prima.

È felice, non ha più il ragazzo. Cerca di diventare grande nel mondo che le piace, il mare.

IL MONDO

Il mondo ha fatto passi da gigante negli ultimi decenni, e le donne sono diventate più forti, più indipendenti ma nello stesso tempo anche più vulnerabili. La loro esposizione e il fatto che tendono ad essere più aggressive, per riprendersi il "mal tolto" del passato, le ha trasformate in persone diverse, sicuramente da ammirare, ma in qualche modo velatamente spaventose. Il loro risveglio e la loro voglia di emergere fanno apparire gli uomini di oggi più deboli e bambini, sopraffatti da questa forza femminile che emerge dal passato.

Che cos'è una donna, cosa cerca, cosa vuole essere, quali sono i suoi traguardi. Queste domande affiorano in ogni momento della mia giornata, durante la quale vedo, parlo e mi confronto con donne di ogni genere, giovani e meno giovani, mamme, fidanzate, amiche, lavoratrici, spesso ironiche ma sempre misteriose.

Le donne sono sempre una scoperta emozionante, a volte le odi così tanto che vorresti non esistessero, poi in un lampo sanno farsi perdonare, e sanno toccare le corde giuste per diventare indispensabili. Mamme attente, lavoratrici instancabili che immancabilmente stanno diventando le trascinatrici della famiglia e della vita.

Sono sempre colpito dalla loro forza, e dalla loro determinazione, a volte ne rimango spaventato, perché mai io sono stato così nella vita, e con me, molti altri, credo.

Mi piace molto una nota pubblicità di uno snack al cioccolato, che mostra la giornata tipo di una donna con marito e figli, che fa la casalinga e anche lavora, sembra esagerata, ma nella realtà è proprio lo specchio di una mamma attiva, come tante ce ne sono. La prima colazione, poi i bambini, la scuola, il pranzo, il lavoro, il corso di pilates e i colleghi con cui competere. Poi la sera a cena…e per finire il marito, che spesso è stanco perché lui ha lavorato tutto il giorno.

Alla fine della sua giornata le viene proposto uno snack, energizzante, e sembra che la giornata si trasformi in una passeggiata. L'unica cosa che la può ricaricare è questo dolcetto al cioccolato? Banale? Forse no. Forse ci vuole poco per aiutare una donna, forse serve appunto un poco di dolcezza e qualche attenzione in più. Alla fine cosa ci vuole per dare un poco di dolcezza, serve solo la voglia di farlo.

Una donna supera queste avversità come se niente fosse, e riesce a trasformarsi in Wonder Woman anche nei momenti più difficili, con un battito di ciglia. Qual' è il segreto di questi esseri speciali? Dove trovano la forza di superare qualsiasi cosa, o quasi.

Da quale ancestrale fonte di energia riescono a recuperare le loro forze per superare ogni avversità?

PIERCARLA

Parlando di donne forti vi parlo di Piercarla, una donna fortissima, unica e grande.

Madre di 2 figli, moglie prodiga al suo ruolo, grande lavoratrice e ligia partecipante alla vita religiosa della sua parrocchia. Lei è nata in campagna, in una famiglia di coltivatori, la classica famiglia del passato. Mi viene sempre in mente il film, "L'albero degli zoccoli", pensando a questa bella famiglia. Vivono tutti in una grande casa, l'orto, i campi da coltivare, le galline, la mucca, quasi una fattoria al completo.

Fin da piccola è sempre stata abituata a lavorare, a dare una mano in casa, per accudire i fratelli più piccoli e, prima lo studio, poi il lavoro, l'hanno sempre impegnata, e questa famiglia cresciuta a pane e sacrifici, è sempre stata unita, anche di fronte alle difficoltà, alle stagioni di scarso raccolto e a tutti i problemi che solo chi coltiva la terra può comprendere.

Piercarla cresce e decide di trovare un lavoro diverso da quello della famiglia di origine, un lavoro di ufficio, che la fa crescere e la fa maturare, un lavoro che le piace e che l'appassiona, come donna e come grande lavoratrice.

Poi trova l'amore, il matrimonio, i figli, e la vita continua. Purtroppo la vita a volte gioca brutti scherzi, soprattutto a chi non se li merita, e Piercarla si ammala, a cinquantadue anni, in pochi mesi, Piercarla se ne va, consumata dal tumore che l'ha colpita e stroncata, nel pieno della sua vita su questa terra.

Piercarla era mia cugina, non la vedevo da anni, per colpa della lontananza, e della pigrizia. Si sa, la vita spesso ci allontana e poi ci riavvicina solo nei momenti tristi.

Poco prima della Pasqua del 2017, sono andato all'ospedale a trovarla, per salutarla, per rincuorarla e per darle qualche minuto di sorrisi e ricordi. Lei sorrideva e voleva tornare a casa, era stanca, ma forte, come solo una donna può essere in quei momenti, incredibilmente forte. Quando sono passato a trovarla, quasi non mi riconosceva, da anni non ci vedevamo e sicuramente è stato un peccato non esserci visti più spesso, ogni tanto, ma ora è tardi.

"Sei tu?", Mi chiede. Per risposta sparo il mio miglior sorriso e le rispondo, "sono io, più vecchio ma sono io". Lei sorride e incredula mi bacia e ci abbracciamo. Io che sono qui per rallegrarla, mi sento quasi male, sentendo lei che mi fa un sacco di complimenti, mi dice che sono ancora un bel ragazzo, che sono giovanissimo e che sto bene con i capelli lunghi, un po' da mascalzone, come lo zio, dice lei. Sono quasi imbarazzato e i suoi elogi sono così sinceri che mi danno allegria e mi fanno sperare nella sua guarigione, ancora fiducioso, ancora positivo, come sono sempre io, non mi costa niente, e lei ne ha bisogno, si vede.

Lei è sdraiata sul letto, è molto stanca e il suo viso è spento, ma tenta di sorridere. Piercarla forse non conosce il suo vero stato di salute, ma non mi interessa, non sarò certo io a rovinarle la giornata, sta sorridendo, è felice, lasciamola sorridere, che sia felice, che sia tranquilla, quello che posso fare è questo, niente più.

Le ho portato dei regali, che uso come scusa per cambiare discorso e non parlare della sua situazione. "Ti ho portato due regali", le dico, "dei libri".

Lei mi guarda quasi stupita, è anni che non ci vediamo e cerca di capire che cavolo sto dicendo. "Sì, ti ho portato due bei libri da leggere", le ripeto. Per risposta lei mi confessa che non riesce neppure a leggere, perché è troppo stanca, io mi preoccupo e capisco in quel momento la gravità della situazione, che per qualcuno è molto chiara, ma per me che non conosco la verità, sembra una bugia, anzi un misterioso allarme inutile. La mia conclamata positività mi spinge spesso a non vedere i problemi reali, o forse a non vedere quelli impossibili da risolvere. "Ma figurati, le dico, "con calma una pagina al giorno puoi leggere anche se sei stanca, forza tirati su, sono bellissimi, sarai contenta". Mi sento impotente, ma voglio che lei non lo percepisca e procedo con la mia presentazione.

"Il primo libro, è quello della storia di una ragazza, una donna forte come te, che è riuscita a fare una cosa grande, il giro del mondo in barca a vela in solitaria. Una donna quindi che ha compiuto una grande impresa, come farai sicuramente anche tu, che riuscirai a guarire e a tornare a casa dalla tua famiglia, stanca ma vincente, più forte di prima".

Poi continuo. "L'altro libro che ti voglio regalare, è la storia bellissima e coinvolgente di una coppia di amici, Carlo ed Elisabetta, che hanno girato in barca a vela i mari di tutto il mondo e raccontano in un modo spettacolare il loro viaggio. Vedrai che bella storia, leggerlo ti farà viaggiare in posti mai visti e ti sentirai sicuramente meglio".

Raccontando i libri che le sto regalando, sorrido e mi esalto, amando io il mare, e vorrei stare con lei a leggerli, lei non può leggere perché non ci riesce, è molto stanca. Mi promette che li leggerà con calma, mi dice che se non ho fretta, me li farà avere quando tornerà a casa, poi sorride e io sorrido, ci siamo capiti, senza ulteriori parole.

Prima di salutarla dopo tre ore di chiacchere, ricordi e risate, le servo la cena, uno stracchino, due carote bollite, un po' di acqua. Prima di andarmene le chiedo se posso aprire un poco le tende della camera, fuori è una giornata meravigliosa, il sole splende, nella stanza fa caldo e l'aria è pesante, le apro la finestra, apro le tende ed entra la luce, lei sorride e mi ringrazia, sembra rinascere. Che donna forte, una roccia, come solo una donna sa essere.

Le prometto che ripasserò a trovarla, dopo Pasqua, mi invento una scusa, le dico che per lavoro sarò spesso in zona nei giorni seguenti e quindi mi verrà di strada andare a trovarla, così per non allarmarla, per farle capire che ci vedremo spesso, per farle capire che c'è tempo.

Dopo 15 giorni dalla mia visita, Piercarla se n'è andata, in silenzio, in punta di piedi. Lascia un marito, due figli, la sua adorata famiglia e tanti amici.

Spero solo di averle strappato un sorriso e qualche ora di sollievo. Al suo funerale c'erano centinaia di persone, i parenti e tantissimi amici, e il silenzio e la compostezza hanno riflesso quello che Piercarla era, una donna forte.

Piercarla viveva a Padova, in Italia.

Ciao cugina, mi ridarai i libri quando ci vedremo, leggili con calma.

CHARLOTTE

Ci sono giornate in cui non hai voglia di fare niente, in altre invece vorresti fare tutto, sogni che quel giorno tutto accada, e che quel giorno sarà il più bello della tua vita, niente e nessuno potrà fermarti. Queste giornate io le chiamo, "ricaricanti".

Giornate come queste possono cancellare gli ultimi tre mesi passati, magari tempestati di sfiga e malumore. Le giornate ricaricanti possono ripulire la polvere depositata sulle nostre anime dal lavoro, dallo stress, dagli amici incazzati, dal traffico, dai telegiornali, (evitate di guardarli), e da tutte quelle piccole ma persistenti rotture di scatole, che sembrano create da un qualche malefico diavoletto, che vuole tenerci continuamente sotto pressione, per chissà quale strano motivo.

La verità poi è un'altra, perché è vero che le cose che accadono intorno a noi tendono ad influenzare non poco la nostra esistenza, ma spesso è il modo in cui noi viviamo le interferenze, che ci fa decidere se essere inattaccabili o vulnerabili. La scelta è solo nostra.

A Charlotte piacciono le giornate ricaricanti, lei è spesso vulnerabile e le mie belle parole non la toccano, lei ha deciso di essere attaccabile ma forse è il tipo di ferita subita che l'ha resa così debole. Lei vive con Leo, si sono conosciuti a Denville nel New Jersey, quando lei faceva ancora il liceo. Tutto è iniziato con i primi sguardi in metropolitana, le occhiatine, e poi quel giorno in cui lui le ha chiesto di andare al caffè vicino casa, per fare due chiacchere e parlare del più e del meno. Così diceva sempre Leo, parliamo del più e del meno bevendo un caffè.

Poi giorno dopo giorno Charlotte si è prima affezionata e poi con il tempo, fatalmente si è innamorata. Quando Charlotte parla alle sue amiche del suo amore, è come se raccontasse un romanzo.

Il loro primo incontro al caffè, il primo bacio, le serate in pizzeria, al lago Wildwood, sempre insieme e sempre innamorati. Lui era romantico come Romeo nella famosa storia Italiana di Romeo e Giulietta. Il loro amore appariva a tutti vero, limpido e coinvolgente. Ogni giorno una telefonata, un bacio, un pensiero.

Le amiche di Charlotte la conoscono bene, lei è considerata la romantica della compagnia, e i suoi racconti sono sempre ben graditi alle amiche, che vivono vicino a Charlotte l'amore e la passione che lei stessa prova per Leo.

È contagioso l'amore?

Qual è il giorno più bello nella vita di una donna? Si dice sia il matrimonio, non ho mai capito il perché.

Quel giorno per Charlotte è arrivato oggi, si sposa con Leo. Dopo quattro anni di fidanzamento e tre mesi di convivenza lei ha deciso di sposare il suo principe azzurro, forse è un pochino presto, lei è giovane, ma come dicono le ragazze moderne, chissenefrega, ha deciso di sposarsi e lo farà.

La mamma di Charlotte, rimasta vedova, vorrebbe fare capire alla figlia che l'amore va coltivato con il tempo, e solo dopo un adeguato periodo di convivenza si riesce a conoscere veramente una persona, nel profondo.

Dice Victoria, la mamma di Charlotte. "Ho amato tuo padre per tanti anni fino alla sua morte, ma non l'ho mai conosciuto veramente fino in fondo, ogni giorno scoprivo cose che pensavo conosciute. Fidati figliola, fai passare il tempo necessario e capirai da sola quando sarà veramente il momento giusto".

Come se le parole fossero vento, Charlotte cocciuta come suo padre, non avrebbe dato ascolto alle preziose parole della mamma. "Sai mamma", dice Charlotte, "oramai con Leo ci conosciamo da tanti anni, lui mi ama, mi vuole bene, mi regala fiori e mi porta sempre nei posti più carini e romantici. E l'anello poi, quell'anello mi ha fatto prendere la decisione giusta, ci sposiamo, sì, il dieci di settembre ci sposiamo, e il nostro amore sarà per sempre".

E il giorno venne, tutto andò alla perfezione, il matrimonio sempre sognato, che bello, che allegria, gli amici e i parenti, poche persone ma tutte care e vicine a Charlotte. Lei era splendida, una principessa, un fiore. Il sogno si era avverato e finalmente Charlotte aveva raggiunto l'apice del suo amore, era felice e finalmente appagata.

Il ventitré di novembre dello stesso anno, il mattino presto qualcuno bussa alla porta dell'appartamento dove Charlotte e Leo vivevano.

Lui va ad aprire, alla porta c'è la vicina di casa, la signora Lydia, una simpatica e spesso curiosa anziana che conosce gli abitanti di tutto il palazzo. A Denville ci si conosce tutti, nello stesso palazzo, al contrario delle grandi città dove ci si saluta appena, e i vicini potrebbero essere anche dei serial killer, tanto è il distacco.

La signora Lydia ci ha sempre tenuto, e ad ogni nuovo arrivato ha sempre portato come benvenuto la sua inconfondibile torta di mele, buona ma spesso molto dolce. La signora Lydia abbonda con lo zucchero, lei dice che vuole addolcire le giornate dei suoi ospiti, per lei il palazzo è una nave, e gli altri inquilini sono i suoi passeggeri.

Leo stranamente seccato chiede alla signora perché avesse bussato alla sua porta, di mattina presto e di sabato oltretutto. La sua domanda inattesa e quanto mai eccessiva è stata: "che diavolo vuoi Lydia? È mattino presto e ho sonno, vai a dormire!".

Lydia conosceva la coppietta da pochi mesi, ma non aveva mai sentito parlare Leo in quel modo, è vero, poche volte si erano parlati, ma a lei sembrava un bravo ragazzo, pacato e gentile, forse solo un poco silenzioso. La signora Lydia faceva parte di una generazione oramai tramontata, nella quale i rapporti personali venivano coltivati giorno dopo giorno e le persone si conoscevano profondamente.

"Sono passata perché ero preoccupata", dice l'anziana signora. "Questa notte ho sentito gridare dal vostro appartamento e non volendo disturbare nessuno, ho pensato che forse qualcuno stava male, poi le grida si sono fermate ed ho aspettato il mattino per sentire se tutto era apposto". Mentre Lydia parlava, Charlotte come un gatto che fugge dal topo, passa dal corridoio che porta al bagno e piangendo si copre il volto, con un gesto fulmineo entra e chiude la porta a chiave, con tutte le mandate della serratura a sua disposizione, come per sigillare quella porta.

"Se ne vada", dice Leo, "è tutto apposto, se ne vada a dormire, è mattino presto, si faccia gli affari suoi!"

Quando pensi di conoscere una persona perché ci hai parlato per qualche minuto sulle scale del pianerottolo, e non hai tempo di approfondire la conoscenza, ad un certo punto, nel futuro, ti renderai conto che quella persona veramente non la conosci affatto, e che le idee e le proiezioni che ti eri costruito, vengono cancellate in pochi secondi.

Quante volte diciamo nella vita, si lo conosco, si la conosco. Ma conoscere è una prerogativa dell'approfondimento, della condivisione di esperienze, e soprattutto di esperienze negative, che fanno emergere la vera anima delle persone, per quello che sono, non per quello che appaiono. La velocità del mondo attuale ci porta a fare spesso questo errore, crediamo di conoscere qualcuno solo per il fatto che è nostro "amico" su Facebook, mentre la verità è che sono pochissime le persone che conosciamo veramente. E neppure con quelle poche che pensiamo di conoscere più profondamente, siamo in grado di avere la certezza del loro vero pensiero. Ci vuole una vita per capire veramente qualcuno, e ancora non basta. Quanto assurda è la domanda: "siamo amici su Facebook?". Che cavolo significa, che praticamente fuori dal mondo digitale non siamo amici? Forse sì, forse è proprio questa la realtà, la parola amici sembra quasi un modo di dire.

La signora Lydia in quel momento, allontanandosi dal pianerottolo della giovane coppia, si rese conto proprio di questo. "Io Leo non lo conosco", si ripeteva, rientrando a casa sua. "Io non lo conosco, ma questa mattina forse di lui ho capito qualcosa in più, secondo me è un uomo cattivo, non è più il bravo e dolce

Leo che mi ero immaginata nei miei pensieri, che stupida sono". Lydia non è stupida, Lydia è un'anziana signora che vuole solo il bene per tutti e crede ancora nell'amore.

Charlotte dopo qualche ora si reca al lavoro, prende la metropolitana e durante il viaggio, si perde nei suoi pensieri. La giornata si ripete come tante altre tra colleghi e pratiche da sbrigare, è una giornata strana quella di oggi, tutto sembra rallentato, sembra un giorno di passaggio e di cambiamento.

Le ore di lavoro scorrono veloci, oramai è tempo di rientrare e Charlotte, la sera, sta per tornare a casa, ma qualcosa la frena. Lei non vuole rientrare, è spaventata e confusa, non vuole tornare da Leo.

Charlotte ha paura.

Quando l'amore viene infranto ed i sogni si trasformano in incubi, l'unica cosa da fare è cambiare strada, tagliare i rami secchi. Come fa un buon marinaio in mezzo al mare, evita di andare contro la tempesta, quando ha le prime nette avvisaglie di maltempo, cambia rotta, per non tornare più indietro ed evitare il disastro.

Le donne spesso questo cambio di rotta non lo fanno, "preferiscono" andare nella tempesta, rischiando di schiantarsi, perché non accettano la sconfitta, loro credono nell'amore e la loro scelta non può essere messa in discussione.

Charlotte inizia a farsi mille domande e la sua mente inizia a dubitare. "Cosa diranno le amiche, cosa penseranno i parenti, come la prenderà mia madre? Che figura ci faccio, e se fosse colpa mia? E insiste. "Cosa ho fatto, qualcosa avrò fatto per meritarmi questo, qualcosa avrò detto, cosa diranno tutti?"

Io una risposta a tutte queste domande ce l'ho, ed è: chissenefrega!

Impazzisco al pensiero che tante donne nel mondo si lasciano maltrattare dal loro uomo, per motivi che non capisco e non riesco a concepire. Queste donne sembrano imprigionate in una gabbia senza scampo, impietrite, indifese. E per fugare ogni dubbio, sto parlando di maltrattamenti e di violenze domestiche. Serve giustizia e servono pene esemplari, è l'unico modo di arginare il problema.

Chissenefrega di cosa diranno le amiche, chissenefrega di cosa diranno i parenti, chissenefrega di cosa diranno tutti, chissenefrega. Questa vita è la vostra, non fatevi condizionare da cosa diranno gli altri, chissenefrega!

Charlotte ha ventisette anni, oggi vive a Morristown, non lontano da Denville, con la madre. Ha lasciato Leo la sera stessa in cui non è rientrata a casa dal lavoro. Lui aveva iniziato a maltrattarla e a volte l'aveva anche picchiata, già il giorno dopo il loro matrimonio, per gelosia, per pazzia, nessuno lo sa, non ci interessa. Leo è una persona meschina e si è rivelata per quello che è veramente, un idiota.

Charlotte ha avuto il coraggio di andarsene, senza voltarsi. Charlotte è una ragazza forte che ha capito che la vita è la sua, e nessuno può trattarla male, nessuno.

Le sue amiche la rispettano e la proteggono, il suo motto è diventato: "Chissenefrega". Sei grande Charlotte!

Spero che molte donne, leggendo questo libro, si facciano coraggio e prendano la decisione giusta per la loro felicità.

QUANTE VOLTE

Quante volte vorrei aiutare qualcuno che non conosco, a raggiungere i propri traguardi, ma come spesso accade, l'aiuto viene interpretato come interesse personale. Sono pochissime le persone che sanno chiedere aiuto e tanto meno sono quelle che lo accettano, vedono nell'aiuto un investimento da parte di chi lo concede, uno scambio silenzioso e ragionato, se io ti aiuto, tu in qualche modo dovrai ripagarmi.

Questo è sicuramente l'ostacolo più difficile da superare per chi ha bisogno di sostegno ed è effettivamente difendibile.

Ogni volta che qualcuno si assume l'onere e l'onore di avvicinarsi ad una persona bisognosa, dovrebbe, per così dire, confessare la propria propensione alla carità e al fatto che non vorrà niente in cambio, un grazie sincero sarà più che sufficiente.

Oggi il mondo gira intorno al commercio ed al fatto che ogni cosa deve essere contraddistinta da uno scambio. I sentimenti sembrano in vendita, si sono per così dire accodati a questo stile di vita moderno, che poi così moderno non sembra proprio. Il duro lavoro di centinaia di anni, fatto dai nostri predecessori per insegnarci a condividere e vivere ed amare il prossimo, si sta perdendo, e i valori che restano sono quelli del "do ut des", niente di più. Questo è triste e vuoto, ma io ci credo ancora, il mondo capirà che non è tutto basato sul commercio e sullo scambio, io ci credo ancora. Se il mondo oggi si trova in questa situazione, di tensione e di malumore, è anche per questo. Personalmente purtroppo mi rendo conto, che spesso mi sono offerto in aiuto di qualcuno, senza chiaramente pretendere nulla in cambio. Spesso oltre all'aiuto fisico o morale, ho concesso anche un aiuto in denaro. Il risultato è stato molto deludente. Oltre ad avere magari perso un "amico", sono stato criticato per non avere aiutato abbastanza, o perlomeno, in misura minore delle aspettative. Alla fine cosa succederà andando avanti con questo modo di pensare? Semplicemente e tristemente accadrà che i cuori delle persone si atrofizzeranno. Se il mio aiuto non ti basta, per quanto poco esso sia, allora perché dovrei dartelo. Dovremmo essere grati anche dei gesti di conforto apparentemente più insignificanti, dovremmo applaudire a questi angeli, dovremmo lodare le loro gesta, anche se piccole, anche se fugaci, ma pur sempre utili a migliorare le nostre esistenze.

NICOLE

Senza ombra di dubbio quando la giornata inizia con il piede storto, per inerzia oppure per altri motivi, la giornata continua con lo stesso ritmo e con la stessa doccia di sfiga. Che sarà mai una giornata storta, passerà e ne verrà un'altra, che sicuramente andrà a compensare questa appena passata. "La vita è uguale ad una scatola di cioccolatini, non sai mai quale ti capita" *.

Nicole vive così, come se aprisse ogni mattina una scatola di cioccolatini, sempre nuova ogni giorno, piena dei suoi misteri, lei è così, un poco fatalista. Ah, che bello sarebbe riuscire a raddrizzare certe giornate, eppure loro tendono a piegarsi al volere del destino, e di come l'abbiamo fatta iniziare. La giornata segue sempre la direzione che le abbiamo impresso, fin dal mattino, appena svegli.

*dal Film Forrest Gump, 1994

Per Nicole oggi è l'ultimo giorno di lavoro prima di partire per le tanto desiderate vacanze.

La partenza è già fissata, tutto è pronto, domani mattina caschi il mondo, salirà su quell' aereo, che la porterà ad Istanbul, in Turchia. Sono anni che sogna una vacanza in quel paese, e malgrado gli amici ed i colleghi di lavoro le avevano consigliato di cambiare destinazione, lei come ogni mattina, prende la giornata come viene, e decisamente vuole raggiungere la sua meta di vacanza. Una nuova esperienza in un paese che non conosce, e dal quale vuole ricevere molto.

Nicole vive a Kumla, Svezia, da poco si è laureata in scienze della comunicazione e ha sempre sognato di girare il mondo. Lavora presso una piccola scuola dove fanno ripetizioni per gli studenti che hanno bisogno di aiuto e di sostegno, e la sua passione è appunto aiutare i ragazzi, gratuitamente, anche se la proprietaria della scuola le riconosce qualcosa, perché Nicole è brava, e chiaramente lei gradisce. È grazie a questo qualcosa che il suo sogno di viaggiare si sta per trasformare in realtà. Nicole vuole partire da sola, è molto giovane, ma non ha paura, per lei le giornate sono tutte una nuova scoperta, che vuole fare da sola, senza influenze, senza rotture, come dicono i giovani d'oggi.

La sera prima della partenza il sole si era stranamente offuscato prima del previsto, nel senso che le nuvole lo avevano quasi oscurato, prima del normale orario del tramonto.

Che strano, l'estate è a alle porte e quel tramonto assomigliava a qualcosa di più invernale che estivo. Nicole lo aveva notato, lei è fatalista, ma le piace osservare il cielo, la natura, il sole, queste cose a lei non sfuggono.

Poche persone sono in grado di percepire e di apprezzare cosa la natura ha da dirci in ogni momento della giornata. Spesso la gente è così distratta dai rumori di fondo, che non si rende conto di cosa ha di fronte, un sole splendente, il vento, la natura che cambia giorno dopo giorno. Tutto sembra uguale e ripetitivo per le persone che non sanno o non vogliono osservare il mondo con gli occhi della natura. Stasera prendetevi un momento, guardate il tramonto, guardate la luna, sognate.

La valigia è pronta, poche cose, "tanto rimango solo qualche giorno". Pensa Nicole. "E poi meglio viaggiare leggeri, il viaggio in treno fino all'aeroporto, poi il volo, e tutto il resto. Si, meglio viaggiare leggeri. Il volo dura poco, solo due ore, cosa vuoi che siano un paio di ore, neppure me ne accorgerò".

"Un sonnellino e siamo ad Istanbul. Che emozione, forse non riuscirò neanche a chiudere gli occhi durante il volo".

Il padre di Nicole, Matías, l'ha sempre spinta a fare nuove esperienze, l'ha sempre esortata a viaggiare, per cercare quello che lei ritiene giusto, per raggiungere il suo scopo di vita. Spesso da piccola Matías la portava sempre a fare qualche viaggio durante i week end, al lago per pescare, oppure al mare.

Nicole adora il mare, la fa sentire libera e triste allo stesso momento, le ricorda quando era piccolina, senza pensieri, senza preoccupazioni, e quando papà era il suo migliore amico e complice.

Per Nicole la vita sorrideva, lei è sempre allegra, tutto le gira intorno e la sua giovinezza le stava dando tanto. Come ogni ragazza della sua età, spesso la confusione le agitava le notti e anche le giornate, fatalista com'era, non riusciva mai a fissare una meta vera e propria da raggiungere, la scuola, poi il lavoro, i viaggi, ma mancava sempre qualcosa, le mancava l'amore.

La sua prima cotta era nata quando ancora frequentava le scuole medie, era piccola e non capiva che quella era solo una cotta passeggera, si perché il "cibo cotto" era il suo professore di educazione fisica, Paul. Il classico professore giovane, bello e simpatico.

Si sa, l'ora di educazione fisica è anche la più bella, non per tutti però, spesso le ragazze tendono ad evitarla per mille motivi, soprattutto fisici, quell'età è particolare, il corpo si trasforma e la timidezza la fa da padrone.

Ciononostante Nicole partecipava a quasi tutte le lezioni, perché a lei piaceva l'ora di ginnastica, non aveva problemi con il suo fisico, lei si sentiva bene con il suo corpo, e quella cotta sicuramente aiutava il suo giovane spirito a superare l'ostacolo della timidezza.

Il professore quel giorno era particolarmente "atletico", e gli occhi di Nicole splendevano al solo pensiero di avvicinarsi al suo professore preferito. Durante una serie di esercizi, il docente ferma la classe, e chiede a tutti di accelerare la conclusione del programma di quella giornata, perché, suo malgrado, doveva terminare l'ora di quel giorno, con dieci minuti di anticipo. "Sapete, oggi la mia nuova compagna passa a prendermi qui a scuola, e non vorrei farla aspettare", si giustifica Paul.

Nicole, quasi gelosamente lancia uno sguardo arrabbiato al professore, che non si accorge del gesto, d'altronde lui è completamente all'oscuro dei sentimenti di Nicole, e non potrebbe essere diversamente, visto la differenza di età. Poco prima della fine della lezione, qualcuno bussa alla porta della palestra, un giovane studente si affaccia e chiama il professore. "C'è una signora che l'aspetta all'entrata, non sapevo cosa fare così sono venuto a chiamarla".

Il professore si sbriga, e avvisa i ragazzi che la lezione è finita. "Riponete gli attrezzi e i palloni, potete andare a cambiarvi, ci vediamo per la prossima lezione".

Tutti si affrettano a sistemare, il professore imbocca la via dell'uscita, ma Nicole gelosa e curiosa vuole vedere chi le ha soffiato il fidanzato, a suo dire. I suoi pensieri corrono veloci.

Lo segue furtivamente senza farsi vedere, mentre il professore si reca all'uscita della scuola, dove la sua nuova compagna lo sta aspettando. Paul sembra preoccupato, e questo incontro lo rende molto nervoso, forse è il primo vero appuntamento per lui, forse è timido.

Nicole è come una detective e riesce a seguire il professore senza farsi notare, lo vede uscire, ma non vede la ragazza che è già di fronte a lui e lo bacia, una ragazza mora con i capelli lunghi. Sembra una bella donna, non più giovanissima ma sembra carina, avrà quarantacinque anni, pensa Nicole, sperando che la sua rivale sia una vecchia bavosa zoppicante.

Nicole torna agli spogliatoi, ormai delusa e un po' sconfitta dalla sua rivale in amore. "Chissà che viso ha quella donna, non l'ho vista", pensa, "sarà sicuramente brutta", anche se niente lo lasciava intendere. Nicole è gelosa, vorrebbe cancellare quella rivale, con un colpo di spugna.

Quella mattina Nicole tornando a casa da scuola, continuava a pensare alla scena che aveva visto e, nella sua mente, iniziavano a montare storie e congetture su quella rivale, e su come avrebbe potuto fare capire al professore che lei lo amava, che era lei la donna della sua vita, non quella signora, troppo vecchia per lui, troppo grande. La fantasia delle adolescenti è un'arma incredibile, sono in grado di creare storie fantastiche sognando ad occhi aperti, poi con il tempo i sogni si placano ed inizia la vita reale. Peccato, sarebbe bello sognare sempre.

"Ciao mammina! Sono a casa!". Rincasando Nicole salutava

sempre la mamma come prima cosa, anche se mamma non era in casa, a lei piace salutare sempre la mamma, con una voce forte e allegra, perché la mamma deve essere sempre felice, secondo Nicole ogni mamma del mondo deve essere salutata con un sorriso, sempre.

La madre di Nicole è una bella signora, sempre gentile e disponibile con tutta la famiglia, per prima con la sua Nicole, figlia prediletta, con Fred, il fratello maggiore di Nicole, e con Matías, marito e padre dei ragazzi.

Ogni volta che Nicole parla del suo paparino, le vengono in mente sempre le gite al lago, oppure le nuotate al mare, e tutte le ore trascorse a viaggiare e divertirsi con lui, il papà più buono del mondo. Nicole e Matías sono sempre stati complici, e i ricordi rimangono sempre impressi nella mente della ragazza, come scritte indelebili.

Dopo pranzo quel giorno la mamma di Nicole, terminati i lavori domestici, vuole parlare con lei di qualche novità in famiglia. Fred è già grande e spiegherà tutto al maggiore dei figli in un secondo momento, la priorità ora è Nicole, lei è sensibile e la mamma lo sa molto bene.

"Nicole", inizia la mamma, "ci sono momenti nella vita in cui bisogna fare delle scelte, anche se dolorose, perché sono necessarie e rimandarle sarebbe molto peggio che affrontarle subito".

Nicole ascolta e sorride, pensa che la mamma voglia solo darle i soliti consigli di mamma, magari di impegnarsi maggiormente a scuola, oppure di stare attenta ai ragazzi, le solite cose, e che le stia facendo la solita premessa dolcificata per preparare la pillola amara dei rimproveri.

"Nicole", continua la madre, "forse adesso mi odierai, ma quando sarai più grande mi giustificherai, queste cose da giovani non si comprendono, ma tu sei intelligente e capirai sicuramente".

"Mamma!". A voce alta Nicole chiama sua madre. "Che cavolo succede? Per caso è morto il gatto?". Sogghignando Nicole pensa, "noi non abbiamo un gatto".

"Nicole", incalza la mamma, "devi sapere che io e papà da un po' di tempo abbiamo qualcosa che non funziona, l'amore con gli anni si trasforma e le cose cambiano, Nicole, io e tuo padre non ci amiamo più come prima, e abbiamo deciso di separarci".

Quando un'eclisse solare è totale, ad un certo punto per alcuni secondi il mondo intorno a noi sembra bloccato, oscurato, pietrificato. Dentro la testa di Nicole si stava formando un'eclissi totale di sole. La testa si era svuotata e la sua espressione era quella di un cerbiatto abbandonato dalla madre nel bosco, al gelo.

Credo che la cosa più penosa per una ragazza ancora giovane, sia quella di assistere alla separazione dei propri genitori. Con questo non intendo dire che ad un'età più matura la cosa sia meno traumatica o superficiale, ma quegli anni di gioventù nei quali una ragazza si sta formando e sta diventando una donna, fanno parte di un periodo molto vulnerabile dal punto di vista emotivo. La separazione dovrebbe essere evitata, se possibile. La separazione di due genitori comporterebbe anche come conseguenza il separarsi dagli amici, e allontanarsi da tutto quello che è felicità e sicurezza.

Negli ultimi anni mi sto interessando allo studio dell'animo umano delle persone, delle loro sensazioni e reazioni agli stimoli esterni. Tra le varie cose che ho imparato e che mi piace riportare qui, è il fatto che nella vita esistano solo due persone veramente insostituibili. Questi sono il padre e la madre, ogni uno di noi avrà nella propria vita solo una mamma ed un papà, questo li rende preziosi ed unici.

Nicole rimane sbigottita dalla notizia, sua mamma e suo papà vogliono dividersi e diventare per così dire, single, come una volta, come se niente fosse accaduto, come se la loro famiglia e i figli non fossero mai esistiti, così, con un colpo di spugna.

La mamma di Nicole capisce che la notizia non è stata recepita dalla ragazza come aveva previsto, cerca di giustificarsi. "Sai amore mio, le cose cambiano, l'amore si trasforma, le persone con il tempo sono in grado di neutralizzare anni di felicità e di buon vivere quotidiano, succede, è la vita".

Nicole si riprende e come un animaletto spaventato ma ancora in

grado di reagire chiede alla mamma: "hai un nuovo fidanzato?".
La mamma arrossisce, si allontana, e con una scusa si dilegua.
"Vado a fare il bucato", dice, "è tardi, vai a dormire, domani ne
parleremo con più calma".

Nicole capisce immediatamente che la madre le sta mentendo.
"C'è un altro uomo nella vita di mamma, io non lo voglio, io
voglio la mia famiglia felice, com'era prima, com'era da
sempre".

"Non ci sto a questa storia", si ripete, rendendosi conto che non
potrà farci niente, quello che accadrà sarà quello che doveva
accadere.

L'indomani Nicole, che la notte non era riuscita a chiudere
occhio, il mattino presto si alza e vuole capire se quello che ieri
sera aveva sentito dalla madre fosse stato reale. "Forse avrò fatto
un sogno", pensava, "forse un incubo". L'unico modo secondo lei
di capire se la storia tra i suoi genitori fosse terminata veramente,
era di verificare se dormissero ancora insieme, quindi,
furtivamente voleva verificare nella camera dei suoi genitori la
presenza di entrambi, quello sarebbe stato un segnale positivo per
lei, la conferma che aveva capito male, e che forse quello della
sera precedente fosse stato solo un brutto incubo ad occhi aperti.

Per sbirciare nella camera dei genitori, per prima cosa Nicole
doveva uscire dalla sua stanza, passando di fronte alla camera del
fratello, nel corridoio. La camera di Fred ha sempre la porta

aperta, fin da piccolo, a causa di un trauma, aveva sempre voluto dormire con la porta quasi spalancata. Al contrario di molti adolescenti che vogliono una privacy estrema e si rinchiudono nelle loro stanze, lui preferiva la "sicurezza" di una porta aperta.

Nicole si avvicina alla camera del fratellone, lui dorme, lei passa senza quasi respirare, non vuole farsi beccare e poi farsi prendere in giro dal suo fratello preferito. Poi cammina silenziosa e arriva quasi di fronte alla camera dei suoi genitori. "Come farò", pensa, "loro sono dentro, dormono, se aprirò la porta sicuramente mi sentiranno ed il mio piano sarà scoperto". Cosa fai qui in camera nostra? Stai male? "Che imbarazzo, no, devo cambiare strategia, questa non funziona".

Mentre Nicole pensa alla sua nuova strategia ed indietreggia dalla porta dei suoi genitori, sente un rumore dal pianterreno, si agita, si preoccupa. "Cavolo, ci sono i ladri, cosa faccio?". Nella paura di quel momento si porta entrambe le mani alla bocca, quasi per soffocare un grido di terrore pronto ad uscire dalla gola.

La casa della famiglia è molto grande, al piano terreno si trova una bellissima sala alla sinistra dell'entrata, preceduta da un'anticamera. A destra si trova la cucina, grande, con una finestra molto ampia e luminosa che guarda il giardino, poi di fronte lo studio di papà, vicino un bagno e poi la porta per uscire in giardino. Al primo piano si trovano le camere da letto, quella grande per mamma e papà, e due più piccole per lei e Fred.

Nicole sente ancora dei rumori dalla cucina, pensa, "questi ladri stanno rubando le nostre mele dal frigo, che ladri sono? Affamati, chissà". Poi ancora spaventata e in bilico tra il gridare e lo svenire sente uno starnuto inconfondibile, "è lo starnuto di papà questo è lui, è inconfondibile!".

Espirando con forza, quasi a scacciare la paura dal suo stomaco, in silenzio imbocca le scale verso il pianterreno, dirigendosi verso la cucina.

"Papà? Cosa ci fai alzato a quest'ora, e per di più a mangiare cioccolata e cracker?". Il papà di Nicole addormentato ma già sorridente le risponde. "Non sai la novità Nicole, amore mio, io adesso vivo in salotto, e mi sono alzato per fare uno spuntino, avevo fame, ieri sera prima che tu arrivassi a casa, tua mamma, mi ha detto che la cena l'aveva preparata solo per te e Fred. Me ne sono andato a letto quindi, senza cena. Poi quando tua madre è venuta a coricarsi, mi ha gentilmente chiesto se potevo dormire in salotto, visto che tra noi era finita, ed eccomi qui, indolenzito dal dormire male sul divano e affamato dalla cena mancata, meglio di così".

Anche l'ultimo barlume di speranza di rivedere i suoi genitori ancora innamorati come prima, si spense in Nicole. Quasi una lacrima fece capolino dai suoi occhi, ma lei, così forte e così fiera non volle aggravare la situazione già di per sé triste. "La mia vita è finita". Pensò, "anche l'amore non esiste".

Mentre suo padre continuava la sua colazione-cena, Nicole iniziò a pensare in modo maturo e concentrato, come potesse essere accaduto questo disastro. Chi avrà tradito chi? Mamma no, è troppo buona, la mia insinuazione di ieri sera è sicuramente sbagliata, le ho chiesto se ha un nuovo fidanzato, sono una sciocca. Ma anche papà è buono. Sì ma è un maschio, si sa i maschi sono tutti dei porci, me lo dice sempre la mia amica Diana, lei conosce già gli uomini ed ha già avuto qualche esperienza di "ricognizione". Lei dice che tutti gli uomini sono uguali, dei maiali, che pensano solo a divertirsi con le ragazze, per poi trovarne altre.

"Ma non mio padre, lui è diverso, lo conosco da quando sono nata", pensa sorridendo Nicole, in uno sprazzo di lucidità e quasi allegria.

"Papà cosa è successo, perché vi lasciate? ma a noi non pensate, che cosa posso fare?". Ma la domanda più potente doveva ancora fare capolino, in quella mattinata, iniziata stranamente troppo presto. "Papà, dimmelo, hai un'altra donna?".

I pochi secondi che passarono dalla domanda alla risposta furono eterni. Nicole percorse in quell'attimo, tutta la sua giovane vita, i sorrisi, la famiglia, la felicità, pochi o quasi inesistenti litigi tra i suoi genitori, avevano coronato fino a quel momento la sua vita di figlia e di ragazza. "Dimmelo papà. Voglio saperlo, se hai deciso di vivere con un'altra donna va bene, ma la mamma ti ama, noi ti vogliamo bene, perché, perché, non farlo ti prego". E le lacrime che poco prima si erano solo affacciate dagli occhi lucidi di Nicole, ad un tratto iniziarono a grondare sul suo viso, come una cascata in piena. Oltre alle lacrime anche i singhiozzi iniziarono ad interrompere quel silenzio irreale, che quella mattina si era fermato nella cucina della loro casa.

"Piangi amore mio", dice il padre di Nicola, "piangi, tu non piangi mai. Lo sai che le donne vivono di più perché piangono più spesso di noi uomini, lo dice uno studio, serve a fare stare bene il cuore, dicono così questi studi, piangi, forza sfògati, vedrai che poi starai meglio".

Dopo avere inzuppato di lacrime un po' di fazzoletti, Nicole si siede di fianco al padre, e con aria sommessa, gli ripete la domanda. "Dimmi perché lasci mamma, cosa ti ha fatto, non eravate felici? è colpa mia? ho fatto qualcosa di male?".

Sembra che Nicole voglia prendersi ogni colpa, vuole provare forse a sé stessa che tutto si può risolvere in qualche modo, l'amore esiste ancora.

Il padre la guarda con uno sguardo misto tra lo stupito e il divertito, e si confessa.

Il padre di Nicole è sempre stato una di quelle persone alle quali potresti dare le chiavi di casa, un uomo affidabile, sempre sorridente e disponibile per tutti. A volte sembra che sia nato per aiutare gli altri. Trova sempre una soluzione per ogni cosa, e la sua conoscenza del mondo, lo rendono una persona realmente interessante e caparbia.

Ogni volta che qualcuno della famiglia aveva un problema o aveva bisogno di aiuto, sapeva di potere contare su di lui. Figlio di un magazziniere, aveva studiato da contabile, prima ragioneria e poi all'università di economia e commercio, per poi approdare al lavoro tanto agognato di responsabile amministrativo di una grossa azienda commerciale.

La sua vita era sempre stata coronata da un misto di allegria e malinconia, un uomo semplice, senza grilli per la testa, innamorato della vita, degli amici e delle ore allegre. Qualcuno potrebbe definirlo un uomo inerte, ma qual' è la vera definizione di un uomo come lui? Sarebbe meglio vivere con un uomo che trasforma la vita delle persone in un incubo? Molte donne sono attratte dai belli ma bastardi, sicuramente è colpa dell'inconscio che cerca di nutrirsi di emozioni, siano esse positive o negative.

Con quale cibo emotivo vogliamo nutrire il nostro inconscio?

"Amore mio", continua Matías, "io ti voglio un bene dell'anima e farei di tutto per farti felice, anche tuo fratello è nel mio cuore, ma tu sei la mia bambina e non vorrei in nessun modo deluderti. Io ti amo più di me stesso e la vita lontano da te mi sembra già un incubo, a cui non voglio neppure pensare. Tu sei ancora piccola e le cose che ti dirò adesso ti faranno del male, ma sono necessarie per farti capire chi è veramente tua madre".

Lo scorso febbraio eravamo io e tua madre al negozio di abbigliamento all'angolo vicino al fast food, sai dove andiamo ogni tanto a mangiare tutti insieme. Stavamo cercando qualcosa di nuovo da vestire per me, tua mamma era un pochino nervosa, più del normale, ma all'inizio non ci ho dato peso. Sai le donne spesso sono nervose, fa parte della loro natura. Ad un certo punto la vedo impegnata in frenetiche risposte di messaggi al cellulare, sai che tua mamma non usa molto il telefono, ma quel giorno sembrava rapita, non mi guardava mentre provavo le camicie e le giacche, sembrava assente. Ad un certo punto scocciata mi ha detto che aveva caldo, stranamente a febbraio, sembrava assurdo, mi dice: "vado al fast food a bere qualcosa di fresco, tu provati le cose, poi le vediamo insieme". La cosa per me sembrava incredibile, tua mamma sembrava un'altra persona.

In quel momento non ci avevo pensato ma tua madre stava chiaramente parlando con qualcuno al telefono, ed era evidente, con il senno del poi, che si trattasse di un uomo.

I minuti passavano e tua madre non tornava, preso dall'ansia mi sono insospettito, avevo paura che lei stesse male, mi era parsa molto strana, ero preoccupato, la chiamo al telefono, ma lei non risponde.

Poco dopo ho lasciato tutto nel negozio e ho detto al commesso che sarei tornato subito dopo. Mi sono rivestito e sono uscito verso il fast food. Mi avvicino all'entrata e poco prima di entrare vedo tua mamma dalla finestra del ristorante, di spalle, che parla con una persona, mi sono tranquillizzato, lei sta bene, sto per entrare e, e….

"Papà, cosa ti succede, stai male, perché piangi?", chiede Nicole vedendo il padre pallido e lacrimante, "cosa hai visto papà, dimmelo, ti prego, cosa hai visto".

Il padre prende fiato e si fa forza, asciugandosi le lacrime in viso.

"Amore mio, ho visto tua madre con quell'uomo, si baciavano".

In quello stesso istante le prime luci della mattina facevano capolino sul tavolo della cucina, e il pulviscolo che è sempre presente nell'aria si faceva per così dire, "notare", grazie alla luce del sole. Il tempo si era fermato. Sembrava che la terra avesse smesso di ruotare e tutto diventò ovattato. Nicole si sentiva come sorda, quasi addormentata, incredula, delusa, stordita.

In pochi secondi tutte le sue certezze, i suoi sogni, e le sue speranze, erano diventate il nulla. Qualcosa che non era mai esistito, una sensazione nuova ed inaspettata, come se qualcuno le avesse confessato un segreto che nessuno al mondo conosceva. Nicole in quei secondi era diventata consapevole e per così dire, più grande.

Oramai i due stavano parlando da quasi un'ora, e i primi rumori del mattino iniziavano a farsi sentire. Il vicino che si preparava ad uscire per andare al lavoro, il gatto del quartiere che si affacciava alla finestra in cerca di coccole, i cani iniziavano ad abbaiare risvegliati dai rumori.

La piccola grande Nicole rimase per qualche secondo attonita, mentre il padre procedeva mesto con la sua colazione fugace. Ora era tutto chiaro, la mamma stava tradendo mio padre, pensava Nicole. Che delusione, non è possibile ma questa sembra la verità, nuda e cruda, lei crede a suo padre, lui è un uomo buono.

Appena Nicole ebbe il coraggio di riprendersi chiese al padre chi fosse quell'uomo, l'uomo che aveva "rubato" la mamma alla famiglia, l'uomo che stava distruggendo tutto. Nicole ragionava come se la sua mamma fosse stata costretta con la forza ad iniziare quel nuovo rapporto.

Innocentemente Nicole non capiva che il tradimento è frutto della volontà di due persone, non di una sola.

Matías allora la guardò in viso e le disse che forse era meglio prepararsi per la giornata, oramai era mattino. "Vai a prepararti Nicole, devi andare, e anche io tra poco dovrò andare al lavoro".

"No papà, no, voglio sapere chi è quel maledetto". Prima di allora Nicole non avrebbe mai detto parole simili, lei era gentile ed educata. "Voglio sapere chi è quel maledetto uomo che ci sta distruggendo, che sta uccidendo la nostra famiglia".

Matías si mise quasi a sorridere, sapendo che la sua risposta avrebbe irritato ancora di più Nicole, e le confessò. "Quell'uomo è il Signor Paul, il tuo professore di educazione fisica".

E boom!!, la seconda bomba di quella mattina era scoppiata, Nicole si mise a ridere, ma un secondo dopo la risata si trasformò in un pianto senza fine, lacrime pesanti e molto salate. A quel punto tutto era finito, per Nicole la vita era diventata un incubo da cui non risvegliarsi mai più. In pochi minuti le certezze di una giovane ragazza erano annientate, tutto quello che Nicole aveva sempre sognato per lei e per la sua famiglia si erano trasformate in una brutta storia da dimenticare.

Nicole ora vive con il padre. La mamma è, per così dire, fuggita con il suo nuovo compagno.

Nicole ha cambiato scuola, e si è trasferita con il fratello e il padre in un'altra città. La loro vita scorre, loro crescono e la lezione che ha imparato l'ha segnata per sempre. Lei sogna di trovare l'amore, ma ne è terrorizzata. Non ha mai fatto quel viaggio ad Istanbul.

MICHAELA

La cosa che amo di più in una donna è il suo sorriso. Quando vedo una donna sorridere, sinceramente, la mia anima si illumina. È come se l'universo mi dicesse che quella donna è felice, e credo che desiderare la felicità degli altri sia il primo importante passo per raggiungere la propria.

Il viso di Michaela è l'emblema della felicità, della purezza, della gioia di vivere in questo strano pazzo mondo, fatto di pressioni e di sfide, ma lei le affronta con il sorriso.

Ci tengo a sottolineare che sto parlando di un sorriso sincero, mai forzato dalla situazione, un sorriso che esprime con un gesto apparentemente così semplice, la voglia di vivere.

Se potessi fare un regalo a tutte le donne del mondo, io regalerei loro questo sorriso inconfondibile e vero.

Ma, va da sé, non è tutto oro quello che luccica, perché dietro a quel sorriso c'è una storia diversa, incredibile e a tratti crudele.

Il mio studio e la voglia di scrivere questo libro riguarda proprio questo aspetto profondo delle persone, e nello specifico delle donne, abili camaleonti, capaci di nascondere abilmente i loro veri sentimenti, dietro a sorrisi o atteggiamenti, che tentano di offuscare gli occhi di chi le guarda, per difendersi, per sopravvivere.

Tante storie e tante sofferenze sono nascoste dietro ai loro sguardi, e questo mi affascina. Vorrei conoscere tutte le loro vite, e magari nel mio piccolo tentare di aiutarle, palesemente cosciente del difficile compito. Sto tentando con questo libro di mettere in luce le loro anime, per informare il mondo che le donne sono esseri unici e speciali.

Voglio rispettare in questo caso, il desiderio di questa giovane donna, di non essere raccontata per quello che ha passato. Mi limiterò a dirvi che ha dovuto superare due momenti molto particolari della sua giovane vita. Nella prima fase quando aveva ancora tredici anni, ha combattuto contro l'inizio di una malattia, purtroppo, ancora molto diffusa, l'anoressia. Pochi anni dopo ha dovuto affrontare anche la bulimia. Grazie alla sua forza d'animo è riuscita a superare entrambe le situazioni, e crescendo, la sua consapevolezza l'ha trasformata in quello che è oggi. Ora è una donna che sta maturando sempre più, le sue esperienze l'hanno resa forte e pronta ad affrontare il mondo.

Michaela vive con la sua famiglia, lei ha ventisei anni, è giovanissima, piena di energia e di voglia di vivere e di sperimentare. Ha una sorella più piccola che la fa impazzire, ma che ama alla follia. Poi ci sono mamma e papà. La sua è una bella famiglia. Fin da piccola Michaela ha sempre avuto un sogno, quello di diventare una persona importante, capace di cambiare il mondo e di fare cose nuove, utili magari a migliorare la vita degli altri, oltre che la sua.

Nella sua giovane vita ha visto tante cose belle e sogna di raggiungere il suo obiettivo primario: essere felice e in pace con il mondo. È ancora molto acerba e l'esperienza della vita la aiuterà a crescere, la sua storia è una continua ricerca della libertà, il cielo l'aiuterà e la sua tenacia la renderà grande.

Lei è innamorata degli animali, che cura e ama come si ama una persona, il suo animo puro e gentile la mette in comunicazione con tutti gli esseri viventi di questo mondo, come solo un'anima aperta è in grado di fare.

Le auguro un mondo di felicità e allegria, ha diritto di ricevere indietro il bello che lei dona a tutti, con il suo sorriso, con la sua trasparenza, con la sua sincerità, sempre.

Michaela vive a Detmold in Germania, e la sua vita le sorride, perché lei sorride sempre alla vita.

RIFLETTENDO

Durante i viaggi che faccio, sia per lavoro che per mio divertimento, incontro ed ho incontrato moltissime persone. Normalmente riesco a vedere dentro di loro, anche dopo pochi minuti di conoscenza. Le loro storie poi mi confermano quello che avevo già intuito, e spesso sono riprove di quello che il mio istinto mi aveva già manifestato. Ah, se avessi ascoltato più spesso il mio istinto, ora sarei forse una persona diversa, sicuramente più matura, certamente più libera. Ma la strada della vita, è lastricata di esperienze, e la ricerca di conferme molto spesso offusca la verità o la percezione stessa della realtà.

Quante volte ho parlato con persone che mi hanno, "svelato", inconsciamente la loro anima, quante discussioni fatte senza ascoltare le loro parole, perché gli occhi mi dicevano già tutto.

Questo modo di parlare con le persone mi ha sempre dato   la possibilità di capirle intimamente. Senza saperlo, ero in contatto con loro fin da subito, e i fatti poi me lo hanno sempre dimostrato.

Di cosa parlo?

Parlo di evidenti bugie, celate in sorrisi di circostanza. Parlo di evidente contrapposizione da ciò che una persona dice, e quello che veramente pensa. Parlo di "leggere" una persona senza che lei dica nulla, parlo di intuizione, visione, istinto.

Ho vissuto molti anni in una sorta di paralisi emotiva, dovuta al lavoro, e a tante situazioni, sempre lavorative, che hanno impegnato molto il mio cervello, più che la mia anima. Da qualche anno, grazie a me stesso, e grazie ad amici, uno in particolare, ho liberato il mio istinto e mi sono reso conto che esso stesso mi chiedeva di essere svincolato da molto tempo. Ora capisco che era l'unica cosa da fare, come dire, meglio tardi che mai.

Nella vita quotidiana, e in tutti i momenti in cui posso farlo, mi piace ascoltare le storie delle persone, e nello specifico, adoro le storie che parlano della vita delle donne, dei loro misteri e della loro forza innata.

Ogni donna ha le sue innumerevoli sfaccettature, come i diamanti, tutte però contornate dallo stesso immancabile e potente alone, sono tutte molto tenaci e spesso complicate. A volte, anzi spesso, mi chiedo perché le donne sono così sottovalutate, perché vengono trattate come essere inferiori. Si lo so, sono spesso delle rompi scatole, ma sono forse meno stressanti gli uomini? A loro modo, i maschi, spesso lo sanno essere anche in maggiore misura, in modo diverso, ma sempre rompi scatole sono, mi sbaglio forse?

Donne spesso discriminate, criticate e maltrattate.

Faccio un esempio semplice, ma molto pratico, oltre che divertente, magari vi strappo un sorriso ed una riflessione utile.

Mi sono sempre chiesto, "ma è possibile che nessuno abbia ancora capito che i bagni delle donne devono essere molto più grandi di quelli per gli uomini?".

Poco tempo fa, durante uno dei miei spostamenti, mi sono fermato in un'area di servizio, per fare una pausa caffè e pipì.

Ogni volta la stessa storia, una fila infinita di queste povere ragazze di tutte le età, costrette ad aspettare anche un'ora per accedere a questi minuscoli bagni, che hanno lo stesso numero di wc degli uomini, anzi gli uomini possono utilizzare anche quelli in piedi.

Pazzesco, una cosa così evidente, ma nessuno ha mai pensato di porvi rimedio.

Faccio un appello ufficiale su questo libro, perché tutte le aree di servizio, e tutti i locali pubblici affollati, adottino un sistema che risolva questa assurda situazione di disservizio. E che cavolo, ci vuole tanto?

Prendiamo un po' di dirigenti e li obblighiamo a fare pipì seduti, aspettando una buona ora il loro turno. Secondo me potrebbero capire meglio la problematica in questione.

Scusate, lo dovevo dire, questa è una delle cose che non ho mai concepito a discapito del sesso femminile. Sarebbe così facile risolvere questa cosa. Manca la volontà, oppure manca il rispetto?

FUGGIRE

Fuggire ogni giorno dalla routine è per le donne un traguardo importante e imprescindibile. Le storie di cui vi ho parlato mi hanno fatto vedere dentro a persone incredibili, grandi donne che spesso hanno dato il meglio dei loro anni per la persona sbagliata, e nonostante tutto sono spesso ancora presenti nella vita di questi immeritevoli sfruttatori. Donne che si sono sacrificate per la famiglia, per i figli, per il lavoro. Sognatrici risvegliate da un sonno profondo, convinte che fosse tutto uno scherzo, poi realisticamente catapultate nella realtà delle cose, troppo tardi, quando ormai la frittata era fatta.

Oggigiorno le cose sono cambiate, migliorate, dal mio punto di vista. Le donne sono cresciute e si sono rese conto che forse non ne vale la pena, spesso sono più felici perché coscienti, finalmente, che una vita perfetta non esiste, che un compagno perfetto non esiste, che la perfezione è un concetto che non deve fare parte della vita di nessuno. La vita dovrebbe essere un viaggio, che punta al miglioramento di noi stessi. Oggi mirano alla felicità fatta anche di compromessi, che le portano ad un livello superiore, più profondo.

Certamente si sono rese conto che il tempo, è la cosa più preziosa che hanno, e sprecarlo nella ricerca della perfezione è una battaglia già persa in partenza.

Dentro di me sogno un futuro che metta le donne nelle condizioni ideali che permetta di realizzare i loro desideri. Sogno un mondo in cui queste donne, consapevolmente, si rendano protagoniste del cambiamento.

Il loro futuro non deve essere più legato alla presenza dominante di prepotenze e frustrazioni. La loro libertà deve partire prima di tutto dal modo in cui vengono considerate. Il futuro è tutto nelle loro mani.

Diamo spazio e sostegno al sesso femminile, offriamo loro la possibilità di emergere, di crescere e di raggiungere la felicità. Le donne sono lo specchio di tutti gli esseri umani, e la loro libertà sarà il collante per un futuro più sicuro e più duraturo. Se riusciremo a trasformare le loro vite, sostenendole, la noia e l'apatia non faranno più parte delle loro vite, e la loro forza diventerà l'energia vitale che ci sosterrà nelle sfide dei prossimi decenni.

IL TRUCCO

Disse Oscar Wilde: "Il volto di un uomo è la sua autobiografia. Il volto di una donna è la sua opera di fantasia".

Lo dice la parola stessa, "trucco", o per meglio dire inganno. Si perché il trucco che usano tutte le donne del mondo secondo me non è altro che un inganno, scusate la franchezza, ma di questo si tratta.

Famosa è quella frase che dice che una donna è veramente bella, se la mattina ancora struccata, appena svegliata, ti sembra tale. Su questo sono d'accordo, una donna al naturale è la più bella creatura che sia mai stata concepita. Tutto il camuffamento scaturito dal trucco, è per me, troppo evidente. Soprattutto in questi ultimi anni, in cui anche le ragazze molto giovani, utilizzano questo escamotage per diventare subito più grandi e più "mature".

Amo le donne semplici, le rispetto tutte, ma vedere ragazze praticamente mascherate dietro il loro trucco, non fa altro che avvalorare la teoria per la quale tutto è apparire, a prescindere dai contenuti.

Donne, fate una prova, alleggerite il vostro trucco, fatevi apprezzare per quello che siete veramente, con le vostre imperfezioni e insicurezze. Non dovete apparire ad ogni costo. Voi siete più forti della maschera che vi ostinate a portare, tutti i giorni, in ogni occasione, abili ammaliatrici. Vi nascondete nella sicurezza di un viso perfetto, che chiaramente perfetto non sarà mai. Siamo tutti imperfetti, ed è proprio questa caratteristica che ci rende unici, e che rende unica ogni donna.

La continua ricerca di emulare le attrici e le modelle più blasonate, non fa altro che espandere il senso di frustrazione ed inadeguatezza. Scopritevi per come siete, la vostra anima vi ringrazierà e la vostra unicità farà breccia nei cuori di tutti.

Oramai si vedono in giro schiere di ragazzine tutte uguali, stesso taglio di capelli, stessi abiti, identico modo di truccarsi, medesimo modo di atteggiarsi. Dov'è finita la personalità di ogni individuo?

La società moderna ci vorrebbe tutti stereotipati e racchiusi in un unico cerchio, io non ci sto. Uscite dall'ordinario giovani ragazze, rifiutate la chirurgia estetica, vi porterà solo frustrazione. Rifiutate di dovere assomigliare a questa o quella attrice e modella, siate uniche, siate voi stesse, con tutti i vostri pregi e perché no, i vostri piccoli difetti. Decidete di camminare contro corrente, e fate in modo che quella sia la vostra strada maestra.

Anche voi donne non più giovani, evidentemente spinte ad usare questi stratagemmi, per migliorare la vostra immagine di dame sempre impeccabili e piacenti, date un calcio all'apparire a tutti i costi. Gli anni che passano sono lo specchio della vostra anima, ricoprirla di colori e di tinte non farà altro che soffocarla, l'anima non ha bisogno di trucchi, per apparire.

La felicità e la libertà dimorano in un altro posto, sicuramente non vivono nel pennello dei vostri ombretti o sulla punta del vostro rossetto più acceso.

Sento già il mormorio di molte lettrici. Siete voi uomini che ci volete perfette, è colpa vostra se dobbiamo assomigliare alle tanto desiderate modelle ed attrici. Noi siamo in competizione per causa vostra, è questo che ci obbliga ad omologarci al vostro standard di donna ideale!

Sicuramente in parte questo è vero, ma voi donne, siete esseri unici, e la vostra unicità non sarà mai messa in luce dal tipo di trucco che usate, quello serve solo ad ingannare il passante distratto.

Mi rendo conto di fare affermazioni che potrebbero offendere qualcuna di voi, e di questo mi scuso, lungi da me, ma vi esorto, per quanto mi è possibile, di provare a fare un passo indietro, anche se non è nella vostra natura, combattive come siete. Provate a farvi vedere per come apparite, naturali, senza esagerazioni, senza eccessi. La strada per la vostra libertà si spalancherà.

Io amo le donne libere, le donne trasparenti, le donne semplicemente uniche.

LE SPOSE

Quanti programmi televisivi si basano sui racconti di future spose in cerca della felicità? Credo che ormai siano decine e decine di reality, che ogni giorno, cercano di fotografare la vita e la disperazione di queste giovani promesse spose, che in qualsiasi modo vorrebbero ottenere il migliore matrimonio di sempre. Tutto inizia dalla ricerca della location, la scelta del vestito, le scarpe, tutto deve risultare perfetto, perché dovrà essere il matrimonio dell'anno. La preparazione si trasforma in uno stressante e quantomeno snervante percorso verso il fatidico "sì".

Troppo lontani sono i tempi in cui il matrimonio era veramente un simbolo di amore e di fedeltà, quando la cerimonia e la preparazione seguivano riti e tradizioni indissolubili. Oramai sono dimenticati i momenti in cui il futuro sposo, faceva il filo alla futura sposa per mesi e mesi. Il futuro sposo andava preventivamente a chiedere la mano e il permesso al papà della sposa, e pendeva dalla sua decisione, quasi sempre concessa ma profondamente riflessiva.

Tutto oramai si è trasformato in una corsa all'apparire, come se la promessa di matrimonio fosse solo una decima parte del matrimonio, in termini di importanza.

La scelta dell'abito e di tutti gli accessori, portano via mesi di salutare preparazione emotiva alla cerimonia. Tutto passa in secondo piano e l'evento si trasforma in una sfida nervosa.

Odio questo modo di vivere il matrimonio. Amo le cose semplici, ma soprattutto, amo il fatto di sapere che qualcuna di voi non sta cercando la felicità nelle cose materiali. Cercate il piacere in tutti gli altri momenti che avete passato e passerete con il vostro compagno, questa è la cosa più importante.

I programmi televisivi dipingono la vita come se fosse una competizione, per spingerci a cercare il meglio di tutto, ma il meglio di tutto siete voi donne, e l'amore che saprete dare, a prescindere dal colore del vestito, dal tipo di scarpa, dal menù della cena. Quello che conta siete solo voi, tutto il resto è solo contorno, e non lascerà niente di importante.

Curatevi veramente solo dei vostri sentimenti e del vostro cuore, tutto il resto verrà da sé.

LE LACRIME

Quando penso al mare e magari alle donne, spesso mi viene in mente una strana immagine. Cerco di quantificare quante lacrime hanno mai versato le donne di tutto il mondo. Perché le lacrime e le donne insieme? Perché loro sono le uniche capaci di piangere quando ne hanno bisogno. Si dice che le donne vivano più a lungo anche per questo.

Non so se questa affermazione è veritiera, ma è probabile che lo sia.

Avete mai visto un uomo piangere? Forse solo nei film.

Le lacrime sono spesso una liberazione, e se versate per colpa della tristezza o di un lutto, sembrano affiorare come una medicina. Lacrime amare, che cercano di purificare gli sguardi appannati di un momento cupo.

Chiaramente, da buon ottimista, io amo le lacrime di gioia, le lacrime che sgorgano copiose da una sana risata, e secondo me, sgorgano così copiose, perché racchiudono anche quelle mai versate nei momenti di commozione e tristezza.

Quante volte vi siete vergognati di lasciarvi andare e di piangere di fronte a qualcuno? Perché piangere è considerata una debolezza? Per quanto tempo della vostra vita avete trattenuto le vostre emozioni e le vostre lacrime?

Oggigiorno sembra che la migliore dimostrazione di forza sia il fatto di non lasciarsi mai andare alle emozioni. Questo è quello che sembra diventato lo standard da rispettare. Ma le vostre emozioni vi faranno sopravvivere proprio a questo tentativo di renderci tutti uguali, senza sentimenti, senza cuore, privi di emozioni. L'emozione è un lusso che non ci vogliono fare godere, riprendiamoci questo lusso.

La libertà e la "pazzia" di qualcuno, spesso viene identificata come una malattia, ma che cos' è in fondo un po' di sana pazzia?

È il modo che hanno molti di porsi di fronte al mondo, di fronte a tutti. È la voglia di esprimersi senza filtri, è la capacità di pochi di sentirsi liberi di ridere, di piangere, di giocare, anche da adulti.

Se hai qualcuno vicino a te che soffoca queste emozioni, forse dovresti evitarlo, la tua libertà è più importante.

Le lacrime sono come il vapore dentro la pentola a pressione, ad un certo punto dovete lasciarlo uscire. Il vostro cuore e la vostra anima vi ringrazieranno.

LE MAMME

Probabilmente servirebbe un libro intero, solo per parlare di loro, le mamme, questi esseri misteriosi e sconosciuti a molti.

La parola mamma, deriva dalla semplice ripetizione della parola, "ma", che è una delle prime parole che i bambini dicono quando imparano a parlare, e quando ripetuta, appunto, risulta essere, "ma-ma", poi diventata mamma.

Se una donna io la definisco forte, possiamo certamente dire che la mamma, è una donna all'ennesima potenza. Incredibilmente sempre presenti, attente ad ogni minima sfumatura, capaci di sforzi sovra umani e potenti collanti famigliari. Negli anni addietro forse più presenti, oppure ora in modo diverso. Nel passato le mamme erano spesso costrette a stare in silenzio per il buon nome della famiglia, i divorzi erano più rari e le donne mamme erano obbligate a soffocare le loro ire per salvaguardare i figli, e l'immagine della famiglia felice. Oggi è divenuto tutto più semplice, ci si sposa e si divorzia con un colpo di spugna, è "quasi" strano avere avuto un solo marito, o non essere divorziati o separati per qualche motivo. La causa di questa facilità di cambiare partner sarà dovuta al progresso, alla modernità, oppure sarà colpa di WhatsApp.

Ma la mamma, anche in questi tempi moderni, è sempre la mamma. Capace di risolvere ogni problema, abilissima nel gestire contemporaneamente, i figli, i nipoti, il marito, e tutte le crisi famigliari che ogni giorno affliggono la loro vita, nella salute e nella malattia. Mamme disperate e sempre incomprese, mamme spesso sole, che si fanno compagnia tra di loro per confrontarsi e sopravvivere.

Era più facile fare la mamma quarant' anni fa? Forse sì.

Forse una volta, quando non esistevano i telefonini, internet e Facebook, il controllo dei figli era più semplice, e i pericoli del cyber spazio non esistevano. Le mamme di oggi non sono del tutto capaci di controllare questa esplosione dei social, del web, e di tutto quello che si cela dietro allo schermo di un telefonino o di un computer. Oltre a dovere combattere la classica lotta contro i pericoli conosciuti, oggi si devono armare per combattere questo nuovo nemico che è il web.

Adoro le mamme, e mi sforzo di capire da dove provenga tutta la loro energia, fisica ed emotiva. Mi fa sorridere quella pubblicità in cui un signore, a letto con un po' di raffreddore, sembrando moribondo, dice alla moglie: "chiama mia madre ...", facendo capire che non riuscirà forse a passare la notte.

Quella frase mi fa sempre ridere molto, e nello stesso tempo mi trasmette una piccola emozione, possiamo dire quasi che mi fa commuovere, perché racchiude in un simpatico spot, tutta l'essenza della figura della mamma.

"Chiama mia madre", sembra essere traducibile, a mio avviso, con, "voglio vivere". Chiama l'unica persona che è così forte da potermi salvare la vita. Un uomo, che chiede ad una donna, di chiamare un'altra donna, in questo caso la mamma, per salvarlo. Direi, epico.

È un'interpretazione molto personale, ma racchiude tutto il significato della figura femminile della mamma. D'altronde è una figura unica ed insostituibile, una mamma è per sempre, sia per i figli maschi che per le femmine, la mamma ci protegge, ci pensa, è costantemente preoccupata per noi, sia che abbiamo tre anni che quaranta. La mamma è una donna che ha creato una nuova vita. Solo lei ha il diritto di avere la prelazione su quella vita. Solo lei conosce la sofferenza di avere dato alla luce un nuovo essere umano. Solo lei è emotivamente autorizzata a pretendere il rispetto dai figli, solo lei.

Viva le donne mamme, semplicemente uniche.

ISTERIA

Ogni volta che si sente questa parola, si tende a fare preciso riferimento alle donne, chissà perché, ma sembra che solo le donne possano essere isteriche, questo appare spesso vero, ma non è assoluto.

Lasciamo perdere tutta la spiegazione scientifica dello stato dell'isterismo, maschile o femminile che sia. Si, anche gli uomini spesso sono isterici, ma allora vengono chiamati: "stressati".

Alla fine questa isteria femminile non è altro che un accumulo di forte stress, emotivo ed esistenziale, che viene banalmente definito come una sorta di pazzia, che "solo" le donne, sembra, possano subire.

Su questo punto, mi piace sottolineare, che tutti noi viviamo in varie fasi della nostra esistenza, momenti più o meno euforici, più o meno stressanti, più o meno isterici, appunto. Associare l'isteria solo alla parte femminile oramai fa parte del passato.

Provate a mettervi nei panni di una mamma, oppure di una donna che lavora, di una donna con i figli etc…. Solo il fatto di essere donna mette continuamente alla prova la loro tenacia e la loro capacità di resistere, alle pressioni, alle critiche, al solo fatto di dovere sempre apparire perfette, in ogni momento, in ogni luogo. Gli uomini, (maschi), tendono a definire con la parola isteria, tutta una serie di sintomi che le donne manifestano, ritenendo che la parola stessa sia stata coniata solo per il sesso femminile. Questo modo di vedere la cosa è quantomeno offensivo e denigratorio. Dire ad una donna che è isterica è come dire ad un uomo che è pazzo, e non pazzo inteso come simpaticamente eccentrico, ma pazzo inteso come una persona a cui mancano molte rotelle in testa. Direi che è offensivo oltremodo, non vi sembra?

Ricevere questo "complimento", ogni volta che una donna ha un momento di stress o di pressione, deve essere molto sconfortante. Io, sinceramente, nella mia vita non ho mai dato dell'isterica a nessuna donna, al limite ho solo detto che era nervosa o arrabbiata, come tutti possiamo essere nel corso della giornata.

Cerchiamo di dare il nome giusto agli stati d'animo, per il rispetto di queste creature uniche e di noi stessi. Le parole hanno il loro peso. Lanciare giudizi affrettati, senza pesare i termini utilizzati, vi porterà solo guai.

Se potessimo metterci nei panni di una donna, noi uomini, credo che non vorremmo restarci per molto tempo, la verità è questa. L'isteria femminile non esiste, esiste solo uno stato di stress molto pronunciato che le donne, emotivamente più sensibili, tendono a manifestare con più veemenza, tutto qui.

DONNE

L'origine della parola "donna", è molto interessante, dal latino domina, femminile di dominus, cioè signora, padrona.

Quindi, nella definizione della parola "donna", è racchiuso tutto quello che ho cercato di trasmettervi in questo libro. La donna è padrona, si, padrona del mondo, unica rappresentante del futuro del genere umano. Donne di ogni genere e razza, ma accomunate tutte dalla stessa universale capacità, e cioè quella di trasformare il nulla, in tutto.

Donne che si trasformano e cercano la felicità, spesso nelle cose, nell'apparire e nell'emulare loro simili, purtroppo piegate al potere della televisione e dell'immagine patinata. Donne che non sono consapevoli che l'essere più bello che possano rappresentare, è riflesso ogni mattina sullo specchio in cui si riflettono. Senza ipocrisie, senza esagerazioni, piene di quella luce che solo i loro sguardi possono emanare.

Vorrei un mondo dove voi donne vi sentiste uniche in ogni momento. Solo per voi stesse. Senza dovere dimostrare niente a nessuno, senza sovrastrutture, senza bisogno di assomigliare a chiunque altra. Voi siete uniche per quello che rappresentate, è solo questo che conta, tutto il resto semplicemente è aria fritta.

Sogno un mondo in cui le donne possano riacquistare la loro vera identità. Siate le uniche rappresentanti di una forza misteriosa ed ancestrale. Siate gli unici esseri in grado di trasformare la vita in qualcosa di unico ed irripetibile.

Salviamoci dalla paura e dall'insicurezza, diamo alle donne il potere di essere veramente libere, l'universo ci darà ragione.

Dedicato con affetto a voi tutte, splendide creature.

RIGUARDO ALL'AUTORE

Matthew Calber, nasce a New York il 28 ottobre 1973. Figlio di commercianti di origini italiane, trascorre la sua vita tra la grande mela e l'Inghilterra, dove lavora per conto della famiglia. Durante i suoi viaggi, tocca numerose città dell'Europa e dell'America, nelle quali incontra molte persone. A quarantatré anni decide di scrivere questo libro, un racconto di storie vere di donne che lui stesso ha conosciuto, e con le quali ha costruito buoni rapporti di amicizia. È un dipinto trasparente ed emozionante, di come la vita delle donne sia tempestata di emozioni, e stati d'animo contrastanti.

Un libro sincero, scritto con il cuore, e con la voglia di vedere dentro l'anima di ogni donna.